이기는 취업

다니고 싶은 직장, 원하는 일을 찾는
취업 저격 4단계

이기는 취업

| 김나이 지음 |

매일경제신문사

현직 인사담당자들의
강력 추천

원하는 곳에서 원하는 일을 하기를 바라는 이들이라면 당연히 읽어야 할 책임에 틀림없다. 다양한 실무 경험과 실질적인 사례, 대학(원)생과 함께해온 저자의 경험이 짜임새 있게 녹아 있다. 이 책을 통해 독자들은 본인에게 맞는 '업業'을 찾고, 그 일을 하기 위해 상대방을 설득하는 방법을 확실하게 알 수 있을 것이다.

-외국계 증권사 본부장·C.R.O Chief Risk Officer 송현주

이력서에 한 줄을 더 적기 위해 밤낮 없이 노력하는 이 시대의 청춘들이 대단해 보이면서도 안타까울 때가 있었다. 기업 입장에서 보면 취업은 함께 일할 동료를 뽑는 과정이다. 취업 준비생에게는 나에게 맞는 직업, 나를 인정해줄 회사를 찾아가는 과정이다. 그렇기에 취업은 스펙 자랑이 아니라 대면의 장이자, 대화의 장이다. 독

자들이 '대화의 방법'을 스스로 찾아가는 데 저자의 애정 어린 조언이 큰 도움이 되리라 믿는다.

- KBS2 TV 《배틀 트립》 PD 손지원

다양성의 시대란 말은 교육 현장에서도 적용된다. 같은 전공, 같은 나이, 같은 성별이라도 꿈이 다르고 생각이 다르다. 같은 과목을 들으면서도 배우는 내용이 다르고, 또한 학교 안과 밖에서의 경험이 다르다. 따라서 학생들을 지도할 때에도 각각의 특성에 맞는 맞춤식 조언이 필요하다. 지은이는 현장에서 맞춤식 상담을 하는 전문가로, 본인이 일하고 있는 카이스트 경영대학KAIST MBA School에서 가장 빈번히 초빙하는 전문가다. 지은이는 학생들 개개인에 맞춘 경력개발 지도를 통해 각자 원하는 직장에 안착하도록 돕는 취업 컨설팅 전문가다. 이 책에는 취업 준비생들이 하고 싶은 일을 하기 위해 필요한 요소들이 총망라되어 있어서, 읽고 나면 취업을 어떻게 준비해야 할지 제대로 알 수 있다.

-카이스트 경영대학 마케팅/취업지원실장 윤미자

책을 읽는 동안 지은이에게 직접 멘토링을 받는 느낌이 들었다. 취업문 앞에서 고민하는 친구들에게 이 책은 백과사전이 아니라 취업의 길로 안내하는 비밀 지도로 느껴지지 않을까 한다.

-JB자산운용 PEF본부장 김신근

이 책에는 저자의 사회 경험과 대학생 지도 경험이 오롯이 녹아들어 있다. 취업을 준비하는 대학생 또는 대학원생들이 참고할 수 있는 취업 정보의 보고寶庫로 활용할 수 있을 것이다. 취업을 다루고 있는 대부분의 도서가 취업 컨설턴트 또는 회사 인사담당자의 관점에서 서술되어 아쉬운 부분이 있었다. 이 책은 두 가지 경험을 모두 갖고 있는 저자의 특별한 경험에서 출발하여, 취업 준비생들이 놓치는 부분과 기업이 원하는 부분의 간극을 깔끔하게 메워준다.

-이화여자대학교 경력개발센터

수많은 인재들을 대상으로 면접을 진행할 때마다 '이렇게 답변하면 좋을 텐데', '이런 태도로 임하면 좋을 텐데', '이 정도는 알고 있으면 좋을 텐데' 하고 생각할 때가 많다. 그냥 돌려보내기에는 너무도 아쉬운 청년들이 많았다. 그들이 지금이라도 이 책을 접한다면 나를 비롯한 많은 채용담당자들이 오히려 더 고마워할 것이라 확신한다. 지은이가 현장에서 직접 경험하고 습득한 노하우를 집대성했다. 이 바이블만 꼼꼼히 챙긴다면 지원자와 채용자 모두가 만족스러운 결과를 얻을 수 있을 것이다. 그 모습을 상상하니 무척이나 설렌다.

- 딜로이트 안진회계법인 공공서비스그룹 이사 김정열

정말 본인이 하고 싶은 일을 찾고 싶다면 나 자신을 상대방에게 마케팅하고, 그 일에 자신이 적임자임을 잘 보여주는 기술이 필요하다. 이는 학교에서 이론으로는 배울 수 없는 능력이다. 이 책은 자신을 제대로 알고 정확한 직무에 도전할 수 있도록 훌륭한 가이드라인을 제공한다.

-외국계 증권사 김세희

자기계발서를 읽고 흔히들 '다 알고 있는 이야기'라고 말한다. 하지만 이 책을 읽고 자신의 미래를 고민해보는 것과 정리되지 않은 생각들이 머릿속에 떠다니도록 두는 것은 취업 전쟁에 나서는 이들에게 큰 차이점이 될 수 있다. 또한 이 책은 취업 후 사회생활을 할 때도 많은 도움이 될 것이다.

- 전 현대자동차 해외마케팅 담당 고정원

지은이는 내가 만났던 후배 중에 삶의 중요한 선택을 가장 능동적인 자세로 하는 사람이다. 이 책은 취업을 수동형이 아닌 능동형으로 만들어준다. 취업은 선택하는 것이지 '간택되는 것'이 아니다. 중요한 선택을 앞두고 방향을 고민하는 사람들에게 꼭 필요한 책이다.

- 수피아에코라이프 대표 유재우

예상 질문을 알고 보는 시험만큼 쉬운 것이 있을까. 반대로 무엇이 나올 줄 몰라 광범위하게 살펴보고 나선 이번엔 운이 없었다고, 이 회사는 나와 안 맞는다고 자신을 위로했던 이들에게 이 책은 '입장 바꿔 생각해보면 답이 보인다'는 것을 알려준다. 회사에서도 잘 맞는 인재를 뽑는 것이 늘상 숙제라는 것을 생각해보면, 그 숙제를 풀어줄 사람이 나타나는 것은 얼마나 고마운 일인지 모른다. 나와 얼마나 합이 맞는 회사인지 판단하는 것을 도와주고 나의 능력을 멋지게 보여줄 수 있는 방법을 알려주는 유용한 책이다!

- AT&T 최수진

강의와 상담을 받은 학생들의
생생 후기

취업 준비를 시작하면서 가장 힘들었던 일은 인생을 되돌아보는 것이었습니다. 제가 살아온 인생을 한 장의 자기소개서, 또 고작 몇 분간의 면접으로 드러내는 게 어려워 자신감을 많이 잃었습니다. 그런데 선생님은 제가 사소하다고 생각해서 자기소개서에 쓰지 않았던 내용을 강점으로 뽑아내고, 이를 회사별 인재상과 조직문화와 연관 지어 자기소개서와 면접에 잘 녹여내는 방법을 알려주었습니다. 또한 실무 경험이 많지 않은 저에게 각 부서별 직무에 대한 지식도 채워주셨습니다.

- 카이스트 경영대학 김○○

저는 사실 자기계발서나 강연, 취업 강의는 잘 안 들었습니다. 상담받으러 가면 '너는 이것도 못해', '이래서 안 돼' 하며 제 자존감을 떨어뜨리는 경우가 많았습니다. 그런데 선생님을 만나고 나서는 '그래, 나 지금까지 잘해왔어'하고 용기를 낼 수 있었습니다. 경험의 오각트리로 제가 무엇을 잘할 수 있는지 빨리 파악할 수 있었고, 실질적인 조언은 현실적인 방향을 잡는 데 큰 도움이 됐습니다.

- 이화여자대학교 손○○

선생님과 이메일로, 그리고 만나서 상담받으며 자신감을 회복할 수 있었습니다. 생각했던 만큼 빠른 시일 내에 결과가 나오지 않아 조급해졌을 때 선생님을 만났습니다. 혼자서 취업 준비를 하다 보면 자기 자신에 대한 객관성이나 자신감을 잃어버리게 되는 경우가 많은데, 저에게도 강점이 있다는 사실을 알게 되었습니다. 또 실제로 다양한 회사에서 일했던 경험을 가진 분만이 해줄 수 있는 조언도 큰 힘이 되었습니다. 그 덕에 이력서의 수정 방향부터 회사 동향, 면접 태도까지, 사소하지만 항상 염두에 두어야 할 부분에 대해서 스스로 확인하고 발전시켜나갈 수 있었습니다.

- 이화여자대학교 조○○

대학교를 졸업한 후에 몇 번 다른 취업 컨설팅 업체에서 상담을 받은 적이 있습니다. 굉장히 틀에 박히고, 전형적인 대답만을 들었습니다. 자신을 무조건 포장하라는 조언을 받았는데, 당시엔 그리 좋은 결과를 얻지 못했습니다. 선생님의 강의는 확실히 달랐습니다.

우선 실제 회사에서 어떤 신입사원을 원하는지, 회사에 대한 관심을 표현하는 방법은 무엇인지 알게 되었습니다. 그 덕에 최종적으로 가고 싶었던 곳에 모두 합격해 행복한 고민할 정도였습니다.

- 카이스트 경영대학 이○○

면접 질문의 의도를 파악하고 이에 맞는 답변을 준비할 수 있도록 세부적인 방법을 알게 되어 정말 좋았습니다. 일반적인 조언이 아니라 해당 회사의 성격과 분위기에 꼭 맞춘 가이드라인을 세우게 돼, 혼자 준비했다면 자칫 놓칠 수 있었던 부분을 보완할 수 있었습니다. 또한 회사의 성격에 맞는 이미지를 만들어나갔던 연습이 실전에서 큰 도움이 되었습니다.

- 이화여자대학교 최○○

외국계 금융사를 목표로 취업을 준비했지만 CFA, FRM 등 자격증 취득과 외국어 공부에 치중하느라 오히려 금융시장과 직무에 대한 이해가 많이 부족했습니다. 하지만 선생님의 현장감 있는 강의를 통해 금융계 취업의 현실과 금융시장의 전반적인 흐름을 쉽게 이해할 수 있었습니다. 특히 각 직무의 특징과 차이점을 이해하는 데 선생님의 경험에서 우러나온 사례가 큰 도움이 되었습니다.

- 서강대학교 여○○

가진 것으로만 승부해도
멋지게 취업할 수 있다

"외국계 회사에 입사하려면 어떻게 해야 하나요?"

"제가 잘하는 게 무엇인지 도무지 모르겠어요."

"수많은 서류들 사이에서 제 이력서나 자기소개서가 눈에는 띌까요?"

"서류만 벌써 100번째예요. 도대체 왜 계속 떨어지는 걸까요?"

현대카드, 한국투자증권, J.P.모간에서 10년 넘게 마케팅과 세일즈 업무를 해온 필자가 수없이 들어온 질문이다. 다년간의 직장 생활을 그만두고 새로운 지식을 채우기 위해 찾은 대학원에서 만난 20대들은 필자에게 취업의 어려움을 호소했다. 지금까지 생각해온 20대의 모습과 현실은 달랐다. 막연히 "꿈과 포부를 크게 가져라" 혹은 "열정을 가지고 도전해라"라는 말은 오히려 헛된 희망처럼 보였다. 그렇다고 "눈을 낮춰라"는 이야기를 하고 싶지도 않았다.

그들에게는 좀 더 실제적인 이야기들이 필요해 보였다. 현실을 알고 구체적으로 꿈꾸며 세밀하게 준비하는 것과 현실이 어떤지 모르고 막연히 이상을 좇는 것은 전혀 다른 이야기이기 때문이다. 그렇게 실무에 대한 강의와 '업'을 찾기 위한 1:1 상담을 시작했다. 여러 회사에서 다양한 사람들을 만나며 일해왔고, 실제 시장 상황이나 회사가 수익을 창출하는 방법, 그 회사에서 지금 집중하고 있는 것에 대해 누구보다 잘 알고 있었기에 가능한 일이었다. 국내 회사와 외국계 회사는 일하는 방식이나 분위기가 어떻게 다르며, 그곳에 취업하기 위해서는 어떤 공부를 하고 경험을 쌓아야 하는지, 이력서나 자기소개서는 대체 어떻게 써야 하는지, 면접은 왜 자꾸 떨어지는 것인지 등 10년 넘게 실무 현장에서 뛴 선배로서 해주고 싶은 이야기들을 풀어나갔다.

지금 필자는 금융계에 대한 강의와 더불어 카이스트 경영대학, 서강대학교, 이화여자대학교 등 여러 대학교와 대학원에서 1년에 300명 이상의 학생들과 1:1로 만나고 있다. 그들과 취업 및 진로에 관련된 고민을 나누고, 자기소개서와 이력서를 검토하고, 면접 연습을 하면서 알게 된 사실이 하나 있다. 지금의 20대들은 과거의 20대보다, 당시의 필자보다 훨씬 더 치열하고 가혹한 시간을 보내고 있다는 것이었다.

취업이 힘든 이유 중에는 분명 사회적인 분위기도 있다. 고용의 종말과 저성장의 시대를 맞이한 지금, 회사마다 사람이 너무 많다고 난리인 상황이다. 정리해고, 희망퇴직 등 갖가지 이유를 빌어 있는 사람을 내보내기 바쁘다. 당연히 신규 채용도 줄일 수밖에 없다. 그 까닭에 과거에 '모셔 갔다'는 SKY(서울대학교, 고려대학교, 연세대학교)를 나와도, '전화기(전기전자공학과, 화학공학과, 기계공학과)'를 전공해도 안심할 수 없다. SKY를 나와도 취업률이 50% 안팎인 시대다. 취업이 안 된다는 이유로 의미 없이 휴학이나 졸업유예를 생각하는 경우도 많다. 명문대를 나왔다거나 유학을 다녀왔다는 등 스펙만으로 취업이 되던 시대는 지나갔다.

그러나 분명히 우리 자신 탓도 있다. 내가 원하는 것, 회사에서 필요로 하는 것이 무엇인지 정확히 알지 못하고, 그 결과 자신이 가진 매력을 회사의 관점으로 바라보지 못한다. '높은 스펙'과 '다른 사람의 인정'이 중요한 분위기에 밀려 20대들은 지금도 토익 같은 외국어 시험 점수, 자격증에 목을 매며 공부만 하고 있다. 자신이 무엇을 잘하고, 어떤 직무에 적합하며, 상대방은 무엇을 원하는지 정확히 모르는 상태니 그냥 대기업이나 공기업, 외국계 회사 등 '명함이 멋진 곳'에 지원하고 있는 실정이다. 지원하는 회사의 이름만 바꿔 100군데쯤 서류를 뿌리고, 만에 하나 합격하면 그때부터 부랴부랴 면접 준비를 한다. 취업이 힘든 것도 당연하다.

우리 모두는 저마다 각자 다른 개성을 가지고 각자 다른 삶을 살아왔다. 필자는 그 이야기를 제대로 풀어나가면 반드시 취업에 성공한다는 사실을 알려주고 싶었다. 취업은 나를 세일즈하는 과정이다. 아무리 뛰어난 능력이나 특별한 경험을 가지고 있다고 해도, 그것이 상대방에게 제대로 전달되지 않으면 말짱 도루묵이다.

회사의 대표나 인사담당자가 원하는 것은 결코 대단한 이야기가 아니다. 아무리 작고 사소한 것이라 하더라도 그 경험에서 어떤 의미를 얻었는가, 그리고 그 경험이 우리 회사에 얼마나 도움이 되는가를 확인하고 싶어 한다. 똑같은 물건도 어떻게 포장하고 어디에 진열하는지에 따라 가격이 달라진다. 지금까지와는 차별화된, 새로운 기능을 가진 물건에 사람들은 기꺼이 돈을 더 낸다. 취업도 마찬가지다. 내가 가진 역량을 스스로 세일즈하며 회사들과 협상하고 소통해야 한다.

취업은 단순히 면접에 합격하고 회사에 입사하는 것으로 끝나지 않는다. 취업을 하게 되면 회사에 있는 시간은 하루 중 보통 8시간 이상이다. 잠자는 시간을 빼면, 하루의 대부분을 회사에서 생활하는 셈이다. 결국 회사는 '돈을 버는 공간'을 넘어서 평생의 인생이 달려 있는 곳이라 해도 과언이 아니다. 실제로 신입사원들이 입사 후 1년 이내에 퇴직하는 비율이 30%에 달한다고 한다.

공고가 보이는 족족 이력서를 쓴 나머지 어디에 지원했는지조차 기억하지 못하는 허무한 작업을 반복하고 싶지 않다면? 엉겁결에 취업했다가 후회하며 퇴사하고 싶지 않다면? 이 책은 취업을 준비하는 사람들, 그리고 다른 길을 찾고 싶어 재취업을 고민하는 이들이 '원하는 곳'에서 '원하는 일'을 할 수 있도록 돕기 위해 썼다. 따라서 취업 과정에 좀 더 실질적인 도움이 될 수 있도록, 필자와 상담했던 실제 사례를 각색해 예시로 제시했다.

1장에서는 취업을 준비하며 학생들이 주로 하는 실수나 취업 준비를 시작하며 자주 겪게 되는 상황에 대해 썼다. 취업 준비생들이 서류나 면접 전형에서 떨어지는 이유는 역량이 부족해서가 아니라 합격하는 방법을 모르기 때문이다. 탈락하는 이유를 모르면 취업에 계속 실패할 수밖에 없다. 또한 다음 장부터 본격적으로 알아볼 '취업 저격 4단계'를 간략하게 정리했다.

2장에서는 자신의 강점을 확인하고 '하고 싶은 일'을 찾는 방법에 대해 제시했다. 취업을 준비할 때 가장 먼저 해야 하는 작업이자 전체 과정 중 가장 중요한 부분이다.

3장에서는 회사를 파악하는 방법에 대해 정리했다. '기업을 파악하는 7가지 방법' 등을 통해 자신의 강점을 발휘할 만한 회사를 찾고, 그 회사에 대한 정보를 효과적으로 수집할 수 있는 방법을 알아보자.

4장에서는 자신의 강점을 도출하고, 그 강점을 회사, 직무와 관련지어 이력서와 자기소개서 쓰는 방법을 알려준다. 다양한 질문과 예시를 통해 나만의 서류를 구성할 수 있도록 도와줄 것이다. 국문 이력서는 물론 외국계 회사로의 취업 준비를 위한 영문 이력서까지 제시했다.

　마지막으로 5장에서는 면접에서 자신의 강점을 제대로 보여줄 수 있는 방법을 알려준다. 맥락에 맞는 나만의 답변을 준비할 수 있도록 실전 면접 질문 200개도 준비했다.

　이 책은 결코 "이 내용만 따라하면 취업이 된다!"고 자랑하려는 의도로 쓴 것이 아니다. 취업을 위한 과정이 매우 힘들다는 사실을 알기 때문에 취업 준비생들이 자신감을 잃지 않고, 또 너무 힘 들이지 않고도 하고 싶은 일을 찾을 수 있도록 돕고 싶었다. 이 책의 제목인 《이기는 취업》은 주변 취업 준비생들과 경쟁해 이겨야 한다는 것이 아니라 취업에도 이기는 취업과 지는 취업이 있다는 뜻이다. 이기는 취업이란, 자신이 원하는 직장에서 하고 싶은 일을 하게 되는 것이다. 실제로 필자와 상담한 학생들 중에는 자신이 정말 가고 싶다고 이야기했던 '바로 그 회사'에서 하고 싶었던 '바로 그 일'을 하고 있는 친구들이 많다. 심지어 여러 곳에 합격해 행복한 고민을 하는 이들도 많다.

　취업 준비를 하는 과정은 분명히 깜깜하고 긴 터널을 지나는 것처럼 험난하고, 때로 지겹기까지 하다. 그럼에도 지치지 않길, 그 과정이 자기 자신에 대해 잘 아는 기회가 되길 바란다. 취업을 앞두고 고민 중인 모두를 응원한다.

김나이

CONTENTS

4장

. . .

취업 저격 3단계

**읽고 싶은
서류를
작성하라**

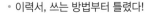

5장

· · ·

취업 저격 4단계

**회사와 제대로
소통하라**

1장

당신의
광탈에는
이유가 있다

서류는 100번 쓰는 게 기본이라고?

"정말 서류만 100번 넘게 쓴 것 같은데 계속 떨어집니다. 도대체 이유를 모르겠어요. 그냥 이 상황이 너무 힘듭니다."

"면접에서 계속 떨어져요. 말을 잘 못해서 그런 걸까요? 예상하지 못한 질문을 받으면 당황해서 말이 잘 안 나오더라고요."

"실무면접은 그럭저럭 잘 보는 편인데 항상 최종면접에서 탈락합니다. 왜 자꾸 떨어지는 걸까요?"

회사들은 "귀하의 능력은 출중하지만 아쉽게도…" 하면서 탈락 소식을 전한다. 도대체 무엇이 아쉽다는 걸까? 취업 준비생들은 자꾸만 떨어지는 이유도 제대로 알 수 없고, 알려주는 사람도 없어 답답하기만 하다.

꽤 열심히 살아왔다고 생각하는데, 여전히 무언가 부족한 걸까? 지원자들이 취직에 계속 실패하는 이유는 도대체 뭘까?

스펙 최고 'A+ 학생'이
취업을 못 하는 이유

    지금은 '스펙(역량) 무한 경쟁 시대'다. 외국어 시험 점수, 자격증, 공모전, 인턴이나 아르바이트 경험, 봉사활동 시간 등 취업 준비생들에게 요구되는 능력은 끝이 없다. 990점이 만점인 토익 시험에서 900점을 받은 친구는 취업하기에 아슬아슬한 점수라며 더 공부해 성적을 올려야 할지 고민한다. 엑셀을 다루는 '컴퓨터활용능력'이나 '한자능력검정' 같은 기본 자격증은 물론 재무회계 등 전공 관련 자격증까지 섭렵하고도 안심하지 못한다. 공모전에 나가서 몇 번쯤은 상을 타야 이력서를 쓸 수 있을 것 같고, 인턴도 적어도 2곳 이상은 해야 할 말이 생길 듯하다. 지금까지 살아온 인생을 그대로 이력서나 자기소개서에 쓰면 도저히 취업이 될 것 같지 않다.

    이런 걱정을 하는 이유는 무엇일까? 취업의 성공과 실패 원인을 좋은 스펙을 가지고 있느냐 아니냐에서 찾고 있기 때문이다. 학벌이나 학점, 외국어 시험 점수, 자격증 등이 우리의 발목을 잡는다고

생각해서 스펙 올리기에 급급하고 있는 셈이다. 그렇다면 화려한
스펙을 가진 친구들은 전부 취업에 척척 성공할까?

"학점이 어느 정도 돼야 취업 안정권이라고 할 수 있을까요?"

"학점이 얼마나 되는데요?"

한 학생을 상담할 때였다. 가장 대표적인 스펙 중 하나인 학점이
어느 정도 되어야 취직이 가능하냐고 질문하기에, 그에게 성적을
되물었다. 선뜻 대답을 하지 않는 모습에 학점이 낮아 걱정하는 것
이라 추측하고는 말을 건넸다.

"4.3점 만점에 4.3점만 아니면 돼요. 회사는 대학교에서 공부만
열심히 한 학생보다는 사람들과 잘 어울리고 소통이 잘되는 사람
을 더 선호하거든요. 회사 일은 혼자서만 잘한다고 해결되지 않으
니까요. 성적 때문에 너무 고민하지 말고, 일단 여러 가지 활동을
해보며 니만의 강점이 어디에 있는지 찾아보세요."

그런데 이어지는 그의 대답이 예상 외였다.

"…그래서 제가 취업이 안 되나 봐요."

알고 보니 그는 4.3점 만점에 4.3점을 받는 '전 과목 A+ 학생'이
었다. 심지어 영어 시험 점수, 중국어 시험 점수도 만점이었고 학생
기자 경험, 다양한 홍보대사 활동, 아르바이트 경험까지 없는 게 없
었다. 말 그대로 최상의 스펙을 가지고 있었다.

그런데도 이 친구, 취업이 안 된다고 고민한다. 높은 학점과 영어 점수 덕에 서류 통과는 잘되는 편인데 늘 면접에서 떨어진다고 했다. 무엇이 문제였을까? '이런 사람도 취업이 안 되는데 나라고 되겠어?'라고 오해하지 말자. 핵심은 취업에 스펙이 전부는 아니라는 사실이다. 회사는 좋은 학교를 나오고, 공부를 잘하고, 자격증을 많이 가지고 있다고 무조건 그 사람을 뽑지는 않는다.

스펙이 좋아도 취업이 힘든 경우도, 반대의 경우도 많다. 이유는 간단하다. 스펙이 좋다고 회사에서 일을 잘하는 것은 아니기 때문이다. 회사는 그 사실을 너무나 잘 알고 있다. 우리가 할 일은 이제 더 많은 경험, 더 많은 스펙을 쌓는 것이 아니다. 솔직히 말해 지금은 가고자 하는 회사를 파악하고, 서류와 면접 준비를 하는 데도 시간이 부족하다. 지금부터는 이미 쌓아온 경험을 자신이 회사에 얼마나 도움이 되는지 인사담당자들에게 설득하는 근거로 만들어야 한다.

A+ 학생은 성적만 좋았지 자신의 능력을 설명하는 능력은 F였다. 좋은 성적과 다양한 활동 경험은 큰 강점이 분명하다. 그러나 지원하는 회사가 직면한 문제를 자신이 가진 능력으로 어떻게 해결할 수 있는지, 만점을 받을 정도로 성실한 사람인 자신을 왜 뽑아야 하는지, 외국어 능력이나 학생 기자로 활동하면서 얻은 경험을 어떻게 활용할 수 있을지를 보여주지 못했다. 그가 취업이 안 되는 이유는 바로 여기에 있었다.

Q. 금융권에 가고 싶은데, 어떤 자격증을 따야 스펙이 될까요?

 A. 금융 관련 자격증으로는 CFA나 CPA, FRM, 금융투자분석사, 투자상담사 등이 있습니다. 그런데 자격증 준비 전, 냉정히 생각해봐야 할 것이 있어요. '내가 이 자격증 갖춘다고 다른 지원자들과 차별화가 될까?' 그리고 '이 자격증이 회사에서 실제로 일을 할 때 얼마나 필요할까?'라는 질문이죠.

금융 자격증에 대한 간단 정보

CFA (공인재무분석사, 국제재무분석사)	• 시행기관 및 자격 종류: 미국 CFA협회 / 국제자격증 • 응시 자격: 4년제 대학교 학사 학위 취득자(취득예정자), 4년 이상의 실무 경력(학사 학위가 없는 경우) • 시험 일자: 매년 6월 첫째 주 일요일, 12월 첫째 주 일요일(Level Ⅰ) • 홈페이지: www.cfainstitute.or.kr
CPA (공인회계사)	• 시행기관 및 자격 종류: 금융감독원 / 국가전문자격증 • 응시 자격: 회계학 및 세무 관련 과목 12학점 이상, 경영학 과목 9학점 이상, 경제학 과목 3학점 이상을 이수 • 시험 일자: 매년 2월 넷째 주 일요일(1차), 6월 넷째 주 주말(2차) • 홈페이지: cpa.fss.or.kr
FRM (국제재무위험관리사)	• 시행기관 및 자격 종류: GARP(국제위험관리전문가협회) / 국제자격증 • 응시 자격: 제한 없음 • 시험 일자: 매년 11월 셋째 주 토요일 • 홈페이지: www.garp.org

회사는
'돈을 많이 벌어다 줄 것 같은'
사람을 뽑는다

무슨 일이든 시작하기 전에 근본적인 물음을 던져보면 더 확실하게 목표를 세울 수 있다. 취업을 준비한다면 먼저 회사에 대해 깊이 생각해보자. 이미 다니고 있는 사람들도 많은데 회사는 왜 새로운 사람을 계속 뽑는 걸까?

취직하기 위해 자기소개서와 이력서를 쓰고, 면접을 보러 다니면서도 이 문제에 대해서는 생각해보지 않는 사람들이 많다. 상대방이 왜 그렇게 행동하는지를 알아야 제대로 된 대응책을 세울 수가 있다.

회사의 사전적 의미는 '상행위 및 기타 영리를 목적으로 설립한 법인'이다. 즉 회사가 사람을 뽑는 이유는 '일 시켜서 돈을 벌기 위해서'이다.

물론 이익을 과도하게 높이려고 원재료를 속이거나 소비자들을 무시하는 회사는 오래가지 못한다. 그러나 회사는 본질적으로 이익을 내기 위해 만들어진 집단이다. 이익을 내야 사회 공헌도 하고, 환경이나 사회 문제에도 투자할 수 있다. 회사에서 직원을 채용하는 이유 역시 마찬가지다. 열심히 가르쳐서 사회에 보탬이 되게 하려는 목적이나 젊은이들에게 여러 가지 경험을 하게 해주려는 목적이 아니다. 그래서 회사는 '이익을 가능한 한 많이 내줄 것 같은' 사람을 원한다.

예를 들어 회사의 인재상이 '창의적인 사람'이라면 그냥 새로운 생각을 떠올리는 사람이 아니라 '창의력을 발휘해 회사에 새로운 이익을 가져다줄 수 있는 인재'라는 뜻이다.

회사는 일을 잘할 수 있는, 또는 이미 잘하는 사람을 채용하고자 한다는 사실을 잊지 말자. '열심히 배워서 보탬이 되겠다' 혹은 '다양한 경험을 통해 성장하겠다'는 자기소개서가 전혀 매력적이지 않은 이유다. 취업하고 싶다면 우리는 그동안 쌓아온 경험과 지식을 총동원해, 인사담당자에게 자신이 그 일을 맡아 이익을 낼 수 있는 적임자임을 설명해야 한다. 그렇다면 어떻게 해야 자신이 회사에 꼭 필요하다는 사실을 증명할 수 있을까?

스타트업계의 대부이자 스타트업 분야에서 스탠퍼드대학교 최고의 강사로 꼽히는 피터 틸Peter Thiel은 자신의 책 《제로 투 원》을 통해 "자신을 세일즈하는 능력이 성공과 실패를 가른다"고 말했다.

그는 스타트업 회사가 성공하기 위해서는 시장에서 타 기업과 경쟁하는 대신 시장을 독점해야 한다고 설명한다. 그리고 독점 회사가 되기 위한 여러 방법 중 하나로 '뛰어난 세일즈 능력'을 제시한다. 제품이 아무리 획기적이라고 해도 강력한 세일즈가 뒷받침되지 않으면 그 시장을 독점할 수 없다. 그러나 제품 차별성이 전혀 없는 데도 세일즈를 통해 시장을 독점하는 경우는 있다.

수많은 정보와 제품, 서비스가 넘쳐나는 시대이다. 세상에 존재한다는 사실만으로 저절로 팔리는 제품이나 서비스가 과연 있을까? 물론 제품이나 서비스의 내용도 중요하다. 그러나 이에 못지않게 중요한 것은 그 제품이나 서비스를 누구에게, 어떤 방식으로 알리느냐 하는 문제이다. 결과는 판매와 이익으로 이어지고, 나아가 회사의 성패에도 영향을 준다. 취업을 준비할 때도 마찬가지다. 자신이 아무리 독자적이며 우수한 능력을 갖고 있다 하더라도 그 사실을 광고하지 않아 아무도 모른다면, 그 능력은 자기만족에 지나지 않는다.

성공하는 사람들의 공통점은 자신이 지금 무엇을 하고 있으며 어떤 성과를 내고 있는지, 어떤 종류의 일을 잘하는지 등을 명확하게 인식하고 이를 다른 사람들에게 적극적으로 알린다는 것이다. '이렇게 열심히 하고 있으니 언젠가 그 누군가는 알아봐주겠지' 하고 묵묵히 있으면, 안타깝게도 아무도 알아주지 않는다. 더 냉정하게 말하자면, 뛰어난 능력을 가지고 있다고 아무리 열심히 알려도 알아봐주는 사람이 거의 없는 것이 현실이다.

결국 우리는 무엇을 잘할 수 있고, 어떤 능력이 있는지를 스스로 잘 포장해 드러내야 한다. 취업을 위해서는 자신의 경험과 지식을 어떻게 활용할 예정인지 설명해 '왜 나를 뽑아야 하는지' 증명해야 한다. 이것이 바로 세일즈다. 내가 먼저 나를 광고하지 않으면, 회사는 절대 우리를 알아봐주지 않는다. 사회는 성적순이 아니다.

듣기, 읽기, 쓰기, 말하기로
회사에 나를 세일즈하는 법

이번에는 나 자신에게 물어보자. "내가 취업하고 싶은 이유는?"

회사와 마찬가지로 '돈을 벌기 위해서'가 가장 큰 목적이겠지만 그것만으로는 부족하다. 가능하면 원하는 곳(회사)에서 원하는 일(직무)을 하면서 전문성을 키우고, 보람도 얻고 싶다. 회사의 목적과 개인의 목적이 일치할 때 시너지 효과가 생긴다.

우리는 저마다 다른 개성과 강점을 지녔다. 취업이란 상대, 즉 회사를 분석하여 자신의 개성과 강점이 이 회사에 꼭 필요하다고 설득하는 과정이다. 회사의 상황과 나의 강점을 어떻게 연결시킬지, 어떤 태도를 갖춰야 하는지를 알아야 원하는 곳에 취직해서 하고 싶은 일을 할 가능성이 높아진다.

그렇다면 어떻게 해야 내가 진짜 일하고 싶은 곳에서 일할 수 있을까? 다음의 내용을 확인한 후, 자세하게 전략을 짜보자. 취업 저격 4단계는 각각 '듣기, 읽기, 쓰기, 말하기'를 토대로 한다.

1단계: 듣기-마음의 소리를 듣고 나를 분석해, 강점 뽑아내기

가장 먼저 자신의 마음속 소리를 들어봐야 한다. 나만의 강점이 무엇인지, 나 자신만의 색깔은 무엇인지를 확실히 파악하는 과정이다. 스스로에 대해 고민하지 않으면, 상대방에게 나를 꼭 뽑아야 한다고 설득할 수가 없다.

회사의 인사담당자들은 이런 이야기를 자주 한다.

"자신만의 색깔을 보여주세요. 유명한 대외활동을 하지 않았다고 걱정하지 않아도 됩니다. 사소한 경험이라도 자신만의 이야기를 자기소개서에 적어주세요."

아이로니컬하게도 취업 준비생들 대부분이 가장 중요한 '자신의 색깔을 찾고 보여주기' 과정을 생략하곤 한다. 물론 이해는 한다. 취업할 때가 다가오니 마음은 급해지고, 할 일은 많아지기 때문이다. 다른 지원자들은 서류를 어떻게 썼는지 궁금해하며 인터넷 취업 정보 사이트에서 후기를 검색하다 보면 결국 다른 사람과 똑같은 이야기를 하게 된다. 똑같은 이야기는 매력이 없다. 결과적으로 면접에서 '광탈'하게 된다.

대부분의 사람들이 취업 준비를 할 때, 먼저 어느 회사에 가고 싶은지 혹은 어떤 분야에서 일하고 싶은지를 정한 다음 어떤 조건을 맞추면 되는지 확인한다. 필자 역시 금융권에서 오랫동안 일했기에 "금융권에 가려면 어떻게 해야 하나요? 무슨 자격증이 필요한가요?" 같은 질문을 많이 받는다. 그러나 단순히 돈을 벌기 위한 일이 아니라 전문성을 키울 수 있는 '나만의 업'을 찾고 싶다면 먼저 자신이 무슨 일을 하고 싶은지, 어떤 성격의 일을 잘하는지를 확인한 다음 그 일을 할 수 있는 곳을 찾아야 한다.

같은 마케팅 업무에 지원하더라도 '마케팅 업무가 하고 싶으니 오늘부터 공고가 나는 회사에는 다 지원하고, 관련 자격증도 따야지!'라고 접근할 때와 '지금까지 들었던 수업 중 마케팅 과목이 성적도 좋고 가장 재미있었어. 또 나는 화장품에도 관심이 많고, 블로그에 후기도 자주 올리니까 화장품 회사 홍보마케팅 직무에 중점적으로 지원해볼 거야'라고 접근할 때의 결과는 완전히 다르다.

범위를 날카롭게 좁히면 회사에 매력적인 사람으로 보일 가능성이 훨씬 더 높다. 무엇보다 좋은 점은 지원자 자신도 힘이 덜 든다는 사실이다. 먼저 쓰게 되는 서류의 개수가 확 줄어든다. 깊이 있는 서류를 쓸 수 있는 시간이 생기는 셈이다. 또 정확한 목표 없이 취업에 매달리다 보면 지치고, 자신감을 잃게 되기 마련이다. 나만의 강점을 분명히 알고, 목표를 명확히 세우면 이렇게 힘든 시기도 잘 견딜 수 있다.

2단계 : 읽기 - 회사의 상황과 욕구를 파악하기

자신에 대해 파악했다면 다음으로는 회사를 분석해야 한다. 취업은 연애와 닮은 구석이 많다. 연애할 때를 생각해보자. 아무리 최선을 다한다고 해도 그 표현 방법이 상대방이 원하는 바와 다르면 말짱 도루묵이다.

평일 내내 너무 바빴던 탓에 이번 주말은 좀 편하게 쉬고 싶은 사람에게 정성이 가득한 도시락을 싸왔으니 드라이브를 하거나 기차 여행을 가자는 제안은 그리 반갑지 않다. 모임이 있으니 옷을 단정하게 입고 와달라고 부탁한 사람 앞에 주머니가 주렁주렁 달린 카키색 카고 바지를 입고 나온다면 누가 좋아할까? 그 옷이 아무리 비싸고 내 마음에 드는 옷이라도 말이다. 결국 사랑하는 사람과의 관계를 잘 유지하려면 '상대방이 나에게 무엇을 원하는가'를 늘 생각해야 한다.

- 회사의 핵심 상품이나 서비스
- 회사가 원하는 인재상
- 자신이 파악한 회사의 장단점
- 제품·서비스의 개선 방향
- 산업 전반·경쟁사의 상황

일방적으로 상대방에게 맞추라는 뜻이 아니다. 상대방이 원하는 것을 살펴보고 내가 원하는 것과 다르다면 계속해서 조율하고, 맞춰나가야만 한다. 자신의 이야기만 주장하기 시작하면 관계는 결코 오래갈 수 없다.

취업도 마찬가지다. 인사담당자는 회사와 소통하려는 지원자들을 선호한다. 따라서 어떤 상품이나 서비스를 제공하는 회사인지, 현재 그 시장의 가장 큰 이슈는 무엇인지, 경쟁사는 어떤 곳인지, 회사에 입사한다면 어떤 상품을 개발하고 싶은지 등 그들에 대한 정보를 꼼꼼히 확인해야 한다.

회사의 인사담당자나 임원들은 어떤 지원자를 원할까?

"저희 회사가 어떤 일을 하는지 정도는 알고 지원해줬으면 좋겠습니다. 산업에 대한 이해도가 높아야 입사해서도 잘 적응할 수 있습니다. 저희 회사가 어떤 사업을 하는지조차 모르고 오는 지원자들이 의외로 많습니다."

"아주 사소한 내용이라도 왜 우리 회사에 입사하고 싶은지, 또 입사한 후에는 어떤 일을 하고 싶은지 듣고 싶습니다. 지원하려는 회사의 현재 상황과 이슈를 알아야 제대로 이야기할 수 있는 내용이죠. 이 부분에 대해 깊이 고민하고 답하는 지원자는 만나기 힘듭니다. 자기소개서도 본인의 장점이나 스펙들이 단순히 시간순으로 나열돼 있는 경우가 대부분이라 전부 비슷해 보입니다."

면접에서 지원자들이 받게 되는 질문 중 대부분은 그 회사가 중점적으로 하고 있는 사업이나 산업군 전반과 관련된 내용이다.

유통업계라면 평소 서비스를 이용하면서 느꼈던 불편 사항이나 모바일 중심으로 변화하고 있는 환경에서의 대응 전략 등에 대해 물을 것이고, 금융업계라면 금융 상품들을 알고 있는지, 직접 투자해본 경험은 있는지 등을 확인할 것이다. IT 업계라면 가장 최근에 출시된 서비스 중 어떤 것을 사용해봤는지, 경쟁력을 강화하기 위해서 시작해야 할 서비스는 무엇이라고 생각하는지 등을 물을 것이다.

즉, 회사는 면접에서 자신들이 현재 가장 중요하게 생각하는 부분과 업계의 최신 동향에 대해 묻는다. 또한 고객으로서, 신입사원으로서 제시하는 새로운 아이디어나 의견을 듣고 싶어 한다.

따라서 지원하고자 하는 회사의 정보를 수집하고, 경쟁사의 상품이나 서비스 등에 대한 이해도를 높여야만 자신이 왜 이 회사를 선택했는지, 회사에 어떤 이유로 도움이 되는지, 어떤 직무를 통해 성장하고자 하는지 등을 효과적으로 설득할 수 있다.

3단계 : 쓰기 - 회사가 읽고 싶은 서류 작성하기

나 자신과 회사에 대한 파악이 끝났다면 이력서와 자기소개서를 작성한다. 이 두 문서는 나에 대한 '30초 예고편'이므로 나의 관점이 아니라 상대방의 관점에서, 회사가 궁금해하는 이야기를 풀어내야 한다는 점이 중요하다. 특히 회사가 주목할 수 있도록 자신의 강점을 이야기로 풀어내야 한다.

회사는 지원자들이 제출한 이력서나 자기소개서를 꼼꼼히 다 읽어보지 못한다. 열심히 작성한 서류를 읽어주는 사람이 없다니 서운하기도, 맥이 빠지기도 할 것이다. 그렇다면 반대로 '이력서나 자기소개서를 어떻게 써야 회사에서 내 서류를 다 읽어보고, 나를 만나고 싶어 할까?'라고 생각해보자. 인사담당자가 지원자의 서류를 꼼꼼히 읽고, 만나보고 싶게 만드려면 형식과 내용이 모두 중요하다. 이를 'ABCDE 원칙'이라고 정리할 수 있다.

서류를 작성하기 전, 내용을 부풀리거나 거짓으로 쓰면 안 된다는 사실을 기억하자. 자신의 경험만을 활용해 정확하게 써도, 눈에 띄게 만들 수 있기 때문이다. 가장 중요한 것은 자신이 지금까지 해온 경험들을 지원하는 회사 및 세부 직무와 연결시켜 의미를 도출하는 일이다. 각 경험을 통해 구체적으로 무엇을 배웠는지 설명하고, 숫자를 사용해 어떤 성과를 냈는지를 보여줌으로써 자신이 회사에 어떻게 도움이 될지를 제시해야 한다. 인턴이나 아르바이트 기간, 자격증 개수나 봉사활동 시간 등 '양'을 강조하며 늘어놓는 것은 상대방에게 어떤 감동도 주지 못한다. 그들이 궁금해하는 것은 결국 당신이 입사 후 어떤 일을 할 수 있는가이다.

이 내용을, 기승전결을 갖추어 간결하고 명확하게 보여주면 된다. 중요한 발표를 할 때를 떠올려보자. 서두에 변명이 길어지면 "그래서 결론이 뭐야?" 소리를 듣기 십상이다. 회사는 두괄식에 익숙하다. 자기소개서에서 결론을 먼저 보여줘야 하는 이유다.

마지막으로 서류 작성의 원칙을 소개팅과 비교해보자. 소개팅에서 가장 큰 영향을 미치는 부분은 바로 첫인상이다. 멀리서 걸어오는 상대방의 모습이 기대와 다르거나 이상한 차림새일 경우, 상대를 알아가고 싶은 마음보다는 빨리 그 자리를 뜨고 싶은 마음이 커진다.

취업 과정에서는 서류가 첫인상을 결정짓는 역할을 한다. 이왕이면 다홍치마라고, 서류는 쉽게 읽혀야 한다. 파워포인트나 포토샵 등으로 디자인된 '아름다운' 서류를 만들라는 뜻이 아니다. 회사에서는 기본을 지키고 보기 쉽게 만든 서류가 '좋은 서류'이다.

예를 들어, 문서 프로그램으로 쓴 이력서를 이메일로 첨부해 보내야 하는 회사가 있다. 이때 이력서 속 줄 간격이 엉망이거나 내용이 지나치게 길다거나 글꼴이나 글 정렬이 통일되지 않은 상태라면, 지원자의 기본적인 역량을 의심하게 된다. 홈페이지에 양식이 마련돼 있어서 내용만 넣고 지원하면 되는 회사도 있다. 이 경우에도 지원서 내에 양식이 통일되어 있지 않다든가 잘못된 정보가 있으면 좋은 인상을 남길 수 없다. 회사 이름을 틀리거나 오타가 있는 경우도 마찬가지다.

4단계 : 말하기 – 역량을 표현해 회사와 제대로 소통하기

면접은 취업의 마지막 과정이다. 지금까지 준비한 자료들을 바탕으로 인사담당자들에게 자신의 강점을 정확히 이야기하면 된다.

이미 자기소개서 쓰는 법이나 면접 예상 질문과 관련된 책들은 무수히 나와 있다. 심지어 인터넷 정보 취업 사이트를 통해 특정 회사의 실제 면접 질문까지 구할 수 있다. 이렇듯 족집게 과외를 받고 있는 데도 면접에서 매번 탈락하는 이유가 뭘까? 단순히 준비를 철저히 하지 못해서일까?

면접을 준비하며 매우 중요한 개념을 간과하기 때문이다. 바로 '태도'이다. 태도가 중요해봤자 얼마나 중요하겠냐고 반문할 수도 있다. 그러나 생각보다 태도의 힘은 매우 크다. 태도의 중요성을 인지하더라도 하루아침에 바꿀 수 없으니 더 그렇다.

중고등학생 친구들을 과외해본 경험을 떠올려보자. 우리보다 5년에서 10년 이상 어린 친구들을 보면 깊게 얘기해보지 않아도 대강 이 친구가 공부를 열심히 하는지 그렇지 않은지, 열심히 하고서도 성적이 안 나오는 건지, 거짓말하고 있는지 등을 알 수 있다. 판단이 항상 맞지는 않지만, 같은 시기를 겪어봤기 때문에 상대의 태도만 보고도 속내를 대략 알아차릴 수 있는 것이다.

면접에서 지원자를 평가하는 인사담당자들도 마찬가지다. 면접관들은 적어도 10년 이상 회사생활을 해온 인생의 선배들이다. 그들은 지금까지 쌓아온 경험을 통해 어떤 사람이 일을 잘하는지, 회사에 어떤 사람이 필요한지, 어떤 사람과 함께 일해야 모두의 회사생활이 즐거운지 알고 있다. 진정성 있는 태도를 보이는 사람을 눈여겨보게 되는 것이 당연하다.

회사를 설득하는 말하기 방법이 있다

· 자신의 역량과 강점을 언급

· 지원하는 회사와 자신의 연관성을 보여줌
  - 회사에 대한 기본 정보
  - 최근 산업군의 상황
  - 자신의 역량이 회사에 도움이 되는 이유

· 왜 자신이어야 하는지를 강조

2장

취업 저격 1단계:

나를 분석하고
강점을 뽑아내라

찾지 못했을 뿐, 누구나 자신만의 장점이 있다

"지금 광회 씨가 스트레스를 받고, 힘들어하는 이유 중 하나는 자기 색깔을 못 찾아서인 것 같아요. 자기 모습을 지운 채로 이 사람 눈치, 저 사람 눈치를 보고 있으니 더 어렵다고 느끼는 게 아닐까요? 일단 자기 자신이 어떤 사람인지를 돌아보고, 자기 색깔을 찾아야죠."

MBC 예능 프로그램 〈무한도전〉 '나쁜 기억 지우개' 편에서 《미생》의 윤태호 작가가 방송 내에서 자신의 역할을 고민하는 한 멤버에게 제시한 해답이다.

이것은 이력서를 쓸 때도 그대로 적용된다. 할 일은 많고 시간은 없으니 지금은 부족한 점을 보완하기보다 자신의 색깔을 찾고, 강점에 집중하는 편이 더 효율적이다. 누구에게나 강점은 있다. 문제는 자신의 강점을 회사나 직무에 제대로 연결해 회사의 가려운 곳을 긁어줄 수 있는지 여부다.

방향 없이 경험을 쌓으면
남는 건 잉여 스펙뿐

무엇을 잘하는지, 어떤 역량을 갖고 있는지를 회사에 적극적으로 보여주기 위해서는 먼저 스스로에 대해 잘 알아야 한다. 내가 어떤 사람인지 명확하게 그릴 수 있어야 상대방에게도 자신을 정확히 설명할 수 있다. 스스로부터 이야기를 잘 못하는데, 어떻게 남이 나의 진가를 알아보겠는가. 문제는 나에 대해 아는 과정이 그리 쉽지 않다는 것이다.

"명문대에 입학하는 게 인생 최대의 목표였습니다. 그래서 원하던 대학교에 입학한 다음에는 친구들과 놀고, 연애하면서 지냈습니다. 전공 공부는 거의 안 해서 학점이 겨우 2.5점밖에 안 됩니다. 과연 취업할 수 있을까요?"

"1학년 때는 신나게 놀고, 2학년 때부터 학점관리를 시작했습니다. 어디에 취직하든 영어는 공부해야 할 것 같아서 3학년 때는 교환학생을 신청해 해외에도 잠시 다녀왔습니다. 그리고 나니 벌써 4학년 1학기라 아차 싶었습니다. 어느 회사에 가고 싶다거나 어떤 일을 하고 싶은지는 생각도 못 해봤는데 공채 시즌은 시작되고 집에서는 빨리 취업하라고 성화입니다. 어떻게 하면 좋죠?"

"진짜 공부를 열심히 했습니다. 덕분에 학점은 좋은데, 다른 경험을 해본 적이 별로 없습니다. 친구들은 휴학해서 이런저런 아르바이트도 하고 여행도 다녀왔다고 합니다. 저는 그러지 못한 게 정말 후회됩니다. 어디에 취업해야 할지, 뭘 잘할 수 있을지도 모르겠습니다."

"저는 대학교에 입학하면 좀 홀가분해질 줄 알았습니다. 부모님도 일단 대화부터 가라고 말씀하셨고요. 근데 대학교에 와서도 할 일이 너무 많다는 사실에 충격을 받았습니다. 뭘 해야 하는지도 모르겠는데, 자꾸만 '하면 된다'고 하니…."

자신은 뭘 하고 싶은지, 무엇을 해야 할지 몰라 헤매고 있는데 주변을 보면 다들 무언가 조금씩 이뤄가고 있는 것 같다는 사람들이 많다. 친구들을 보면 '나는 지금 뭐하고 있는 거지?' 싶어져 마음이 초조해진다. 그러나 취업을 앞둔 이들은 사실 모두가 비슷한 고민을 하고 있다.

성적에 따라 대학교와 학과가 결정되는 10대 시절에는 그저 남들보다 열심히 공부해 더 좋은 점수를 받는 것만이 중요했다. 힘들게 대학교에 온 만큼 이제 좋아하는 일도 하고, 꿈도 찾을 줄 알았는데 다음 과제는 취업이란다. 고등학교 때와 마찬가지로 도서관에서 외국어 시험 점수를 올리거나 자격증을 준비하는 데 열중할 수밖에 없다. 또 아르바이트나 인턴 활동을 하고, 공모전에도 참여하며 남들보다 나은 스펙을 갖기 위해 힘쓴다. 내가 재미를 느끼는 일이나 내 인생의 방향 등에 대해 충분히 고민할 시간이 없다.

우리는 지금 다른 사람들의 시선에 사로잡혀 이름난 학교나 좋은 직장, 많은 돈이 행복의 조건이라고 생각하고 있는 것은 아닐까? 그래서 '어디로 가야 할까'를 고민하는 대신 빨리 취업하고 싶어 하거나 무조건적으로 대기업 입사나 안정적인 공무원 합격만을 꿈꿔왔던 것은 아닐까.

대학교 4학년이라는 시기는 확실한 성과를 내야 하는 때가 아니라 앞으로 나아가고자 하는 방향을 심사숙고해서 결정할 때다. 살아온 날보다 앞으로 살아가야 할 날들이 훨씬 많기 때문이다. 그 누구도 우리를 대신해 살아주거나 삶을 책임져주지 않는다.

실제로 필자는 경력 1~2년차에 회사를 그만두고 MBA나 석사과정을 이수 중인 학생들도 자주 만난다. 그들 중에는 삼성이나 LG, SK텔레콤, 메리츠화재, 현대자동차, 한화, 포스코 등 취업 준비생이라면 누구나 들어가고 싶어 하는 회사들을 다니다 온 경력자들도 많다. 그들에게 왜 좋은 회사를 그만두고 MBA에 왔느냐고 물어보면 대답은 비슷하다.

"좋은 회사 맞습니다. 그런데 제가 정말 하고 싶은 일들은 대기업에서 하기 힘들다는 생각이 들었습니다. 대학교 때는 그런 생각도 못 하고 일단 취업 준비에 바빴던 것 같습니다. 합격했길래 아무 생각 없이 입사했습니다. 그런데 이제는 더 늦어지면 안 될 것 같아서 새로운 도전을 해보는 것입니다."

그들이 공부를 마치고 다시 구직활동을 할 때는 다시 신입이 되어 자기소개서와 이력서를 쓰고 면접을 보는 등의 구직활동을 시작해야 한다. 그 과정을 기꺼이 감수하겠다고 회사를 그만두고 나온 것이다. 이 결정이 좋다 나쁘다가 아니라 어디로 가고 싶은지, 어떤 사람이 되고 싶은지, 왜 그 일을 하고 싶은지 등을 충분히 고민하면 시행착오를 줄일 수 있다는 뜻이다.

한 가지 고백을 하자면, 필자 역시 누구보다 앞서 나가고 싶었던 사람 중 하나였다. 방향에 대한 깊은 고민보다는 남들보다 먼저 승진하고, 연봉도 높게 받고 싶었다. 한마디로 '잘나가고' 싶었다. 그 욕심으로 복수전공에 부전공까지 하면서 휴학 한 번을 하지 않았고, 기회가 닿는 대로 틈틈이 인턴 생활을 했다.

부끄럽지만 왜 그런 사람이 되고 싶은지에 대해서는 제대로 생각해본 적이 없었다. 사회에 나온 이후 업계의 경쟁자보다 더 많은 세미나에 참석하고, 책을 내고, 방송을 하며 어떻게든 이름을 알리기 위해 노력했다.

그 결과 잘나가는 커리어우먼이 됐지만, 그 사이 속은 말 그대로 '썩어 들어갔다'. 회사에 출근하기 싫어 머리가 지끈지끈 아파왔고, 그저 기계적으로 출퇴근길에 올랐다. 그러던 어느 날 정신이 번쩍 드는 질문을 받았다. "원래 걱정이 많은 편이세요? 안색이 너무 안 좋아 보여요."

그제서야 필자는 내가 진짜 하고 싶은 일이 무엇인지 고민하고, 나아갈 방향을 수정할 수 있었다. 가고자 하는 방향에 대해 깊이 생각해보지 않거나 미래에 대한 그림을 충분히 그려보지 않는다면, 10년 후쯤 이런 말을 하고 있는 사람이 되어 있을지도 모른다.

"카드 값 막으려고 회사 다니고 있는 거지, 뭐. 자아실현 따위는 생각도 안 하고. 돈 아니면 내가 회사를 왜 다니고 있겠어? 그렇다고 그만두자니 마땅히 할 것도 없고…."

취업 준비를 하며 '차별화를 해라' 혹은 '나만의 이야기를 만들어라'라는 이야기를 많이 들어봤을 테다. 막막하게 느껴질 수도 있다. 그러나 방법만 안다면, 나만의 이야기는 쉽게 찾을 수 있다. 어떤 활동을 했다면 왜 했는지, 그 과정에서 깨달은 것은 무엇인지 등을 말할 수 있다면 그게 바로 차별화이고, 나만의 이야기다.

'남들 다 하니까' 만든 스펙은 결국 '잉여 스펙'이 될 뿐이다. 취업

인사담당자가 뽑은 잉여 스펙 순위

단위: %(중복 응답 가능)

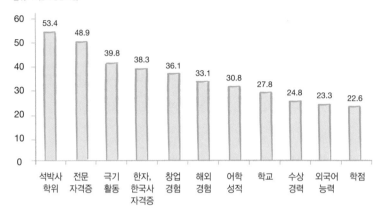

53.4	48.9	39.8	38.3	36.1	33.1	30.8	27.8	24.8	23.3	22.6
석박사 학위	전문 자격증	극기 활동	한자, 한국사 자격증	창업 경험	해외 경험	어학 성적	학교	수상 경력	외국어 능력	학점

인사담당자의 잉여 스펙 판단 기준

단위: %(중복 응답 가능)

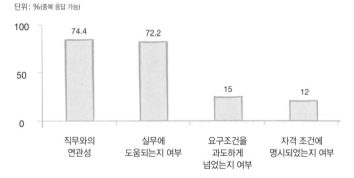

74.4	72.2	15	12
직무와의 연관성	실무에 도움되는지 여부	요구조건을 과도하게 넘었는지 여부	자격 조건에 명시되었는지 여부

자료: 사람인

정보 사이트 '사람인'에서 인사담당자들에게 물은 잉여 스펙 순위를 보면, 석박사 학위부터 전문 자격증, 극기활동 경험 등 매우 다양하다. 이 모든 활동이 무의미하다는 뜻이 아니다. 이 화려한 스펙들이 쓸모없어진 이유는 인사담당자들이 지원자들의 스펙에서 직무와의 연관성을 찾지 못했기 때문이다.

이것저것, 닥치는 대로, 남들 다 하니까 쌓은 경험으로는 남들과 차별화가 되지 않는다. 그렇다고 방향만 잘 잡으면 학점도, 외국어 시험 점수도, 그 어떤 자격증도 필요 없다는 뜻이 아니다. 고생해서 쌓은 스펙을 의미 없게 만들고 싶지 않다면, 스펙을 쌓는 것보다 자신이 잘할 수 있는 분야를 먼저 찾는 것이 순서라는 이야기다.

남들 다 하는 일 말고
하고 싶은 일을 찾는 5가지 생각법

1. 고민하는 시간이 아깝다.
쉬운 경험부터 바로 지금 시작하라

"어떻게든 해외에 취업하고 싶은데 무엇부터 해야 할지 잘 모르겠습니다."

학부에서 인테리어를 공부하고, 대학원에서는 디자인을 전공 중인 학생이 해외 취업에 대해 물었다.

"먼저 해외 취업박람회 같은 데 가보세요. 본인의 전공이나 적성과 맞는 회사들이 있는지, 그런 회사에 들어가려면 더 준비할 것은 무엇인지 구체적으로 알아봐야 합니다. 예를 들어 중국에서 인테리어 관련 일을 하겠다는 방향이 잡히면, 그 다음에는 중국 어디든 일단 가보는 겁니다. 사실 가서 어떻게든 관심 있는 사람을 만나거나 관련 장소에 다녀오면 좋겠죠. 뭐라도 직접 겪어보는 편이 가장 빨리 배울 수 있는 방법입니다."

국내 회사에 취업하기가 점점 힘들어지다 보니 해외 취업을 생각하는 이들이 점점 많아지고 있다. 더불어 외국계 회사의 인기도 높아지고 있다. 문제는 많은 지원자들이 외국계 회사나 해외 취업에 대해 아는 정보나 경험은 없는데, 환상은 크다는 점이다.

책상에 얼마나 오래 앉아 있느냐에 따라 성적이 결정되었던 경험 덕분인지, 대학교에 온 이후에도 무슨 일을 하기 전 일단 계획부터 완벽하게 세우고 시작하려는 친구들이 많다. 그런데 직업과 관련된 고민들은 현장에 나가 부딪혀봐야 답이 나온다. 예를 들어 해외 취업을 생각하고 있다면 범위부터 좁히는 것이 우선이다. 단순히 '미국, 캐나다 등 영미권 선진국으로 가고 싶다'는 생각은 위험하다. 선진국은 자국민 보호와 취업 보장을 위해 외국인에게 취업 비자를 쉽게 내주지 않기 때문이다.

물론 직접 현장에서 부딪히는 건 힘든 일이다. 그러나 너무 걱정하지 말고 현재 나의 상황을 고려해 쉬운 일, 할 수 있는 일부터 찾고, 실행해보자. 유통업이나 다른 사람들을 설득하고, 상품을 파는 일에 관심이 있다면 올리브영이나 왓슨스 같은 드러그스토어나 이마트, 홈플러스 등의 대형 마트에서 단기 판매 아르바이트를 해보자. 고객 입장에서 벗어나 회사에 대한 새로운 관점을 가지게 될 것이다.

금융업에 관심이 있다면 관심 있는 은행이나 증권사 지점들에 직접 가보는 편이 좋다. 그들이 어떤 금융 상품을 팔고 있는지, 어떤 사람들이 주로 찾아오는지, 직원들이 고객을 어떻게 응대하는지를 살펴보라. 주식 관련 서적들을 탐독하며 소액으로 주식 투자를 해보거나 증권사나 은행에서 일반 투자자들을 대상으로 진행하는 투자자 교육에 참여해보는 것도 좋다.

기업의 홍보대사를 해보는 것도 방법이다. 간혹 "저는 마케팅 직무에 지원하지도 않는데, 홍보대사 경험이 필요할까요?"라고 질문하는 친구들이 있다. 직무와는 상관없다. 홍보대사는 회사의 상품이 무엇인지, 주요 타깃 대상은 누구인지 등을 가장 빨리 배울 수 있는 방법 중 하나이다. 중요한 것은 '자신이 일하고자 하는 분야와 관련된' 곳에서 활동하는 일이다.

이외에도 관련 직종에서 일하는 선배를 만나보거나 업계 관련 분석 리포트를 읽은 후 자신만의 보고서를 써보는 것도 좋다.

읽으면 10%를 배우고

귀로 들으면 20%를 배우고

눈으로 보면 30%를 배우고

귀로 듣고 눈으로 보면 50%를 배우고

남들과 배운 것을 토론하면 70%를 배우고

배운 것을 직접 경험하면 80%를 배우고

남에게 가르치면 95%를 익히게 된다

미국의 교육학자 에드거 데일Edgar Dale은 학습 방법에 따라 그 내용이 얼마나 기억에 남는지 결정된다고 말했다. 결국 자신이 나아갈 방향을 찾는 가장 효과적인 방법은 행동하는 것이다. 아무리 책을 보고, 조언을 듣는다 해도 결국 스스로 경험하지 않으면 큰 소용이 없다. '이걸 해도 될까?', '시간 낭비하는 게 아닐까' 하면서 너무 고민하지 말고, 관심 가는 분야가 생겼다면 일단 해보라. 지금 행동해야 사회에 나가서 후회하지 않을 수 있다.

일을 해보면서 '이 일은 내 일이 아니구나'를 깨달을 수도 있다. 필자는 광고, 홍보 대행사와 컨설팅 회사에서 인턴을 하면서 정말 '하고 싶었던 일'도 잘할 수 있는 일은 아닐 수 있다는 사실을 깨달았다. 그 분야에서 일을 잘하기 위해 갖춰야 하는 역량과 필자가 가지고 있는 역량이 달랐기 때문이다.

다시 한 번 강조하지만, 대단하고 거창한 일을 하라는 것이 아니다. 주변을 살펴보고 바로 시작할 수 있는, 작은 일들부터 경험해보면 된다. 자신이 어떤 일을 재미있어하고 흥미로워하는지, 반대로 반드시 피하고 싶은 일이 무엇인지는 직접 겪어봐야 알 수 있다. 책상 위에서 얻을 수 있는 교훈보다 세상에서 얻을 수 있는 교훈이 훨씬 많다.

2. 부모님 인생이 아니라 내 인생이다

"전 승무원이 되고 싶은데, 부모님의 반대가 심합니다. 두 분 모두 교직에 있으셔서 그런지 자꾸만 선생님이 되라고 합니다."

"증권사에 입사해 직접 주식 트레이딩을 해보고 싶어요. 그런데 증권사나 주식은 불안정하고 위험하지 않느냐며 부모님은 대형 은행으로 가라고 계속 반대합니다. 어느 쪽으로 가는 게 좋을까요?"

자신이 원하는 직업과 부모님이 원하는 직업이 달라 고민하는 친구들이 의외로 많다. 이런 고민을 하는 이들에게는 먼저 "당신은 진짜로 무엇을 하고 싶은가요? 정말 꼭 하고 싶은 일은 무엇인가요?"라고 묻는다. 다음으로 "부모님께는 죄송하지만 이제 학생은 성인이고, 부모님이 학생의 인생을 대신 살아주지도 못해요. 학생이 진짜 무엇을 하고 싶은지, 어떤 일을 잘할 수 있는지를 생각해서 스스로 판단했으면 좋겠습니다"라고 말해준다.

부모가 자녀의 직업 결정에 영향을 미치는 정도는 다른 나라에서도 매우 높다. 예를 들어 로먼 크르즈나릭Roman Krznaric의 책《인생학교 일》에 따르면 영국에 사는 아시아 출신의 대학 졸업자 중 25%가, 아시아인이 아닌 경우도 10%가 직업 선택에 부모의 영향이 컸다고 대답했다.

문제는 부모님이 살던 시대와 우리가 앞으로 살아야 하는 시대는 너무나도 다르다는 사실이다. 게다가 사회의 변화 속도 역시 매우 빨라, 그 누구도 미래에 대해 예측하기 힘들어졌다. IBM의 인공지능 딥블루가 인간 체스 마스터와의 대결에서 승리한 것이 1997년이다. 그런데 겨우 10년 후인 2016년에는 현존하는 게임 중 경우의 수가 가장 많다는 바둑에서 인공지능 로봇 알파고가 바둑기사 이세돌을 이겼다. 인공지능이 사람을 대체하는 세상은 아직 누구도 겪어보지 못했다. 부모님들이 원하는, 혹은 알고 있는 직업 중 상당수가 미래에는 없어질 것이라 예견된다. 물론 자신의 뜻을 부모님에게 설득하려면 먼저 근거를 충분히 확보해야 한다.

하루는 서울의 유명 외국어고등학교를 나와 명문 대학교를 졸업한 후, 미국에서 경제학 석사 과정을 공부 중인 학생이 필자를 찾아왔다. 스펙으로만 보자면 남부러울 것이 없는 학생이었다.

"대학원을 그만둬야 할 것 같습니다. 저는 이제까지 아버지의 말씀에 따라 아버지가 원하는 삶을 살아왔어요. 금융공학이 앞으로 유망할 것이라고 하셔서 석사 전공으로 선택한 건데, 수업이 너무 어려워서 무슨 말인지 모르겠습니다. 다른 친구들은 다 저보다 똑똑한 것 같습니다. 저는 시험 점수도 낮고, 학점도 나빠서 괴롭습니다. 이 정도 학점으로는 대학원을 나와 봤자 취업도 안 될 것 같습니다."

고개를 푹 숙이고, 눈도 마주치지 못할 정도로 자신감이 떨어진

그를 보니 안타까웠다. 생각보다 공부가 어려운데, 그 선택이 본인의 의지도 아니었다는 점이 그를 힘들게 하고 있었다. 사실 그 친구의 대학교 및 대학원 학점은 좋은 편이였다. 꾸준하게, 열심히 노력하며 살아왔을 텐데도 자신을 부족하다고 여기고 있었다. 그래서 반대로 잘하는 것이 무엇인지를 묻자 그는 조금씩 생기를 되찾기 시작했다.

"영어에는 자신이 있습니다. 영어로 말하는 것도 좋아하고요. 그래서 영어를 쓰는 일을 하고 싶습니다."

"영어로 뭘 하는 걸 좋아해요?"

"그건 잘 모르겠고, 그냥 영어에는 자신 있습니다."

알다시피 요즘에는 영어를 잘하는 사람이 참 많다. 그렇기 때문에 '그냥 영어에 자신이 있다' 정도로는 취업은 물론 자신의 아버지를 설득하기도 어렵다. 관심과 흥미를 일과 어떻게 잇고 싶은지, 무엇을 하고 싶은지, 어떤 일을 잘할 수 있는지가 분명해져야 부모님에게도 할 말이 생긴다. 자신이 하고자 하는 일을 밀고 나가려면, 스스로 많은 고민을 해보고 근거를 만들어야 한다. 우리는 이제 그냥 "내가 하고 싶으니까 할 거야!"라고 우길 수 없는 성인이다. 언제까지 남 탓만 할 수 없다. "부모님 때문에 내 인생 이렇게 됐어"라며 가족을 탓하지 않기 위해서라도, 하고 싶은 일을 찾는 과정은 중요하다.

3. 무엇보다 돈 많이 버는 직업이 최고다?

"저는 증권사나 자산운용사 쪽으로 취업하고 싶습니다. 어떻게 준비하면 좋을까요?"

"그 회사에서 어떤 일을 하고 싶은데요?"

"그냥…. 그런 회사들이 연봉도 높고, 복지도 괜찮다고 해서 골랐습니다."

돈은 중요하다. 행복한 인생에 필요한 조건 중 하나이기도 하다. 실제로 "연봉은 상관없으니 일단 꿈꾸는 일을 해라"라고 조언하고 싶지는 않다. 꿈도 일단 생계가 해결돼야 꿀 수 있다. 당장 먹을 것도 없는데 꿈을 이루기란 정말 힘든 일이다.

그런데 돈이 많아야만 행복할 수 있다는 생각은 우리나라에서 유독 심한 편이다. 2011년 〈조선일보〉가 세계 10개국을 대상으로 행복의 조건을 조사한 결과, 한국인의 겨우 7.2%만이 "돈과 행복에 관련이 없다"고 답했을 정도다. 그러나 돈이 많으면 많을수록 행복도도 비례해 높아지지는 않는다. 이 세상에 공짜는 없기 때문이다. 아주 단순한 논리다. 우리는 회사에서 돈을 받는 대가로 일을 하고, 무언가를 포기해야 한다. 회사가 적당히 대충 일하는 직원들에게 높은 연봉을 줄 리 없다.

예를 들어 금융 산업은 대표적으로 연봉이 높다고 알려져 있는 분야 중 하나다. 게다가 영화나 드라마 덕분에 멋있고 화려해 보이

"돈과 행복은 관계 없다"고 응답한 사람의 비율

한국	미국	호주	핀란드	덴마크
7.2	18.2	20.9	29	47

단위: %

자료: 조선일보

기도 한다. 그러나 스트레스 강도가 매우 높고, 개인 시간을 거의 가질 수 없다.

좀 더 자세히 예를 들어보자. 펀드매니저는 일어나자마자 밤새 특별한 뉴스는 없었는지, 미국이나 유럽의 주식시장은 어땠는지를 확인한다. 출근해서 오전에는 주식을 매매하고, 시장을 모니터링 하고, 애널리스트 등과 미팅을 한다. 주식시장이 마감한 후에는 기업을 탐방하며, 고객들을 유치하기 위해 프레젠테이션 자료를 작성하고, 성과를 상사에게 보고한다. 매일 자신의 운용 성과, 즉 성적표를 받아야 하는 것이다. 또 펀드에 투자한 고객들의 불만 사항에도 잘 대처해야 한다.

회사에서 퇴근한다고 펀드매니저의 일이 끝날까? 그렇지 않다. 홍콩, 미국, 유럽 시장도 신경써야 한다. 외국 시장의 움직임이 우리나라의 주식시장에 영향을 미치기 때문이다. 회사들의 실적 발

펀드매니저의 일과표

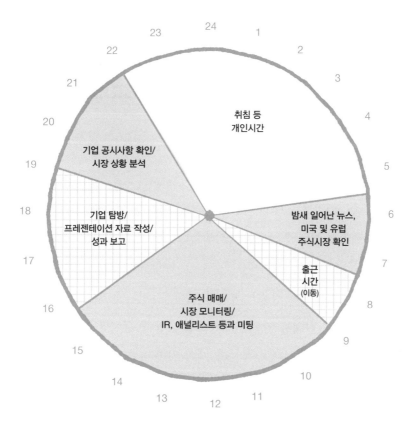

표나 공시사항도 대부분 저녁 때 발표된다. 아무리 능력 있는 펀드매니저라고 하더라도 거시경제가 어떻게 움직일지, 기업의 이익이 어떻게 변화할지 정확히 맞추기란 불가능하다. 때문에 계속 시장을 확인하고 현상을 분석해야 한다. 자신의 분석과 판단에 고객들의 돈에 직접적인 영향을 미치는 만큼 퇴근 후에도 계속 일을 할 수밖에 없는 것이다.

따라서 지원자들은 자신의 노동 가치를 제대로 평가해야 한다. 그 직업이 구체적으로 어떤 일을 하는지, 산업군의 분위기는 어떤지도 모르는 상태로 돈만 보고 연봉이 높은 직업을 선택하는 것만큼 위험한 일은 없다.

4. 첫발을 내딛는 방향은 생각보다 훨씬 더 중요하다

한 중공업 인사팀에서 다년간 근무하다가 새로운 직장을 구하는 한 경력자가 이렇게 말하며 아쉬워했다.

"취업 준비에 한창인 친구들을 만날 수 있다면 첫발을 어디로 내딛는지가 생각보다 굉장히 중요하다는 이야기는 꼭 해주고 싶습니다. 저는 모바일게임 회사나 스타트업 기업 등 작지만 창의적인 회사의 인사팀에서 일하고 싶은데, 제기 일한 곳은 중공업 관련 대기업이었던 탓에 이직이 생각만큼 쉽지 않았습니다. 제가 가고 싶은 기업들에서는 기업문화 등이 기존 일하던 곳과 너무 다를 것 같다며 저를 부담스러워했습니다. 첫 번째 취업을 준비할 때만 해도 이런 생각은 전혀 못 했습니다. 저는 분야는 달라도 같은 인사 업무라고만 생각했습니다. 그냥 취업이 됐기에 다녔던 경험이 지금도 꼬리표처럼 저를 따라다닙니다."

한 IT 산업 전문 헤드헌터는 이런 말을 한다.

"요즘 가장 취업하기 가장 어려운 엔지니어는 40대 중반의 나이에 괜찮은 학교의 공대 나와서, 삼성전자에서 10년 넘게 근무한 사람이에요. 실력이 없어서가 아니라 연봉은 높고, 큰 회사에서 작은 부분의 일을 했던 탓에 작은 회사에서 할 수 있는 일이 그리 많지 않기 때문입니다."

사회생활을 어디에서 처음 시작하는지는 생각보다 더 중요한 문제다. 우리가 살아갈 미래에는 학벌이나 스펙보다 그 사람의 능력이 점점 더 중요해지겠지만, 어떤 산업에서 일을 시작했느냐는 여전히 큰 영향을 미칠 것이다. 예를 들면 똑같은 마케팅이라도 IT, 바이오, 금융 중 어느 분야의 회사에서 일했는지에 따라 이직할 수 있는 회사나 경력의 방향이 정해진다. 한 분야에서 일을 시작했다고 끝까지 그 산업 안에서만 종사하게 된다는 이야기는 아니다. 일을 하며 축적되는 시간, 경험, 만나게 되는 사람들, 하는 일들이 계속해서 인생에 영향을 미친다는 뜻이다.

필자는 취업을 준비하던 시절, 막연히 소비재 마케팅이 하고 싶었다. 유명한 기업이라면 전부 서류를 작성해 면접을 봤다. 그러다 덜컥 합격해 첫발을 내딛었던 곳이 현대카드였다. 업계가 재편되면서 그 분야에도 새로운 마케팅이 필요한 시기였던 덕분이다. 금융은 잘 몰랐지만, 소비재와 가까운 마케팅을 한다고 생각했다. 3년 남짓의 시간을 보낸 후 다시 소비재 마케팅 시장을 노렸지만, 이번에는 경력이 큰 영향을 끼쳤다. 카드사에서의 마케팅 경력은 금융권이 아닌 다른 산업에서는 그다지 유용하지 않았기 때문이다.

대학을 졸업하고 첫 직장 생활을 시작할 때만 해도 그 후 계속 금융계와 관련된 일을 하리라고는 전혀 생각하지 못했다. 금융업에 10년 넘게 종사했던 필자가 전혀 다른 듯한 현재의 일을 하고 있는 이유도 회사에 다닐 때부터 금융시장에 대해 궁금해하는 사람들에게 실질적인 조언을 계속 해왔기 때문이다. 금융산업에 자세히 알려주기 시작했던 것이 연결고리가 되어 직업 자체와 관련된 이야기까지 하게 된 셈이다. 시작은 이만큼이나 중요하다.

100세 시대, 직업을 서너 번은 바꿔야 하는 때란다. 지금 하는 결정이 앞으로의 인생에 어떤 방식으로든 계속 영향을 미칠 것이다. 그러니 나는 어디에서 시작하고 싶은지 잘 생각해보자.

5. 나의 시선은 어디에 머물고 있는가

소설《나는 왜 너를 사랑하는가》 등으로 유명한 철학자 알랭 드 보통Alain de Botton은 일 때문에 스트레스를 받고 좌절하는 현대인이 많아진 이유에 대해 "자신이 어떤 일을 하고 싶은지 진지하게 묻지 않았기 때문"이라고 분석한다. 남들이 인정이나 연봉, 안정감 때문에 그 직업을 선택했다면 누리게 된 명예와 부와는 별개로 일에 대한 불만이 쌓이는 경우가 많다.

대학교 3학년 2학기에 만났던 한 학생을 1년이 지난 뒤 다시 상담했던 적이 있다.

"철이 없는 건지도 모르겠지만, 우리나라 안에서만 갇혀 있기보다는 좀 더 넓은 세상에서 일하고 싶습니다. 무모해 보이더라도 한번 도전해보고 싶은데 부모님도 걱정하시고, 지금 이 시점에 대기업 공채를 준비하지 않아도 되는 건지 망설여집니다. 저는 제 역량을 충분히 발휘할 수 있고, 다양한 경험을 쌓을 수 있는 곳에서 일하고 싶습니다. 꼭 해외가 아니더라도, 새로운 삶을 살아보고 싶습니다."

그는 해외 취업을 위한 자신만의 콘텐츠가 충분히 준비되어 있었다. 영어 실력도 뛰어났고, 아이슬란드에서 봉사활동을 한 특이한 경험도 갖고 있었다. 장학생으로 뽑혀 일본 미쓰비시 본사를 견학 후 한국 대표로 발표한 적도 있었다. 필자와 처음 상담을 받은 뒤 1년 동안 자신의 강점과 목표를 정리하고, 그에 맞는 경험을 더 채워넣은 덕분이었다. 마지막으로 그는 주변 사람들의 눈 때문에 망설이고 있었다. 안정을 택하기보다 자신만의 길을 개척하고 싶다는 친구에게 조언해줄 수 있는 말은 많았다.

"무모한 조언일 수도 있지만, 일단 부딪혀보면 어떨까요. 주변에서 뭐라 한들 그들이 내 인생을 살아주지는 않잖아요. 해외 기업에 취업하기가 생각보다 쉽지는 않습니다. 한국에서 비즈니스를 하려는 회사나 해본 경험을 활용하고자 하는 회사 등 일단 연결고리가 있는 곳 위주로 찾아보세요. 계속 '아, 이건 아닌데'라고 후회하는 것보다 하고 싶으면 하는 게 맞습니다."

결국 그 지원자는 도전을 계속했고, 체코의 한 기업에 취업하게 됐다고 한다.

이 친구가 부럽다면, 일단 가슴 속에서 나에게 어떤 말을 하고 있는지 들어보자. 그 소리가 너무 무모한 것 같다면, 작은 것부터 시도해보면 된다. 여전히 자신이 하고 싶은 일을 잘 모르겠다면, 3장에 등장하는 '경험의 오각트리'를 활용해 자신의 경험을 분석하고, 자신의 강점부터 찾아보자. 지금의 결정과 고민이 평생 영향을 미친다. 그런데도 '일단 취업이나 한 다음 생각해야지' 하고 넘겨버린다면 미래가 막막해진다. 스스로에게 질문할 시간, 고민하고 사색할 시간이 필요하다. 지금이 기회다. 책을 덮고, 어디로 가고 싶은지, 나의 시선은 무엇을 보고 있는지 살펴보자.

"어떤 일이든 맡겨만 주세요"처럼 쓸모없는 말은 하지 마라

필자는 금융권에서 10년 넘게 마케터로 일했지만, 아이로니컬하게도 숫자에 약하다. 중간에 쉼표를 찍지 않고는 숫자를 빨리 읽지도 못하고, 전문적인 금융 자격증이 있는 것도 아니다. 지금도 친구들은 "네가 금융권에서 일하며 파생상품을 설명하고 다녔단 말이야? 사람 일이란 게 정말 신기하지"라고 평가하기도 한다.

그런데도 금융시장에서 잘 적응해 일할 수 있었던 이유 중 하나는 바로 자신만의 강점에 집중했기 때문이다. 필자의 가장 큰 강점은 '다른 사람이 이해하기 쉽도록 내용을 설명하기'다. 이 강점이 금융시장에서 힘을 발휘했다. 사실 처음 입사했을 때는 사실 금융공학이나 수학을 전공한 석박사들 사이에서 무엇을 할 수 있을까 고민했다. 잘할 수 있는 것이 무엇일까 생각하며 주위를 찬찬히 살펴보니 필자는 상대적으로 어려운 파생상품의 특징이나 이 상품에 투자해야 하는 이유, 위험 요소 등을 고객들에게 쉽게 설명할 수 있겠다는 생각이 들었다.

당시 필자에게는 대학원에 가서 금융 관련 공부를 하는 것 외에도 몇 가지 선택지가 더 있었다. 그때 전문적인 공부를 하는 대신 '내가 이해할 수 있을 만큼만' 공부하고, 그 내용을 더 쉽게 설명할 수 있는 방법을 찾기 위해 몰두했다.

같이 일하는 동료들에게 속된 말로 '철판 깔고' 물어가며 실전 경험을 쌓았다. 필자가 이해하는 수준에서 약간만 더 쉽게 이야기하면, 투자자들도 쉽게 이해할 수 있을 것이라고 생각했다. 그 결과, 현장에서의 투자자 교육, 미디어 교육을 진행하게 되었다. 그뿐인가. 방송 제안을 받았고, 급기야 금융 상품 책까지 내게 됐다. 필자가 금융 상품에 대단한 지식과 경험을 갖고 있어서 이러한 일들을 이룬 것이 아니다. 약점에 발목 잡히지 않을 정도로 공부하고 부딪히되, '쉽게 말하기'라는 자신만의 강점에 집중한 것이다.

미국의 테드 윌리엄스Ted Williams는 메이저리그 역사상 마지막 4할 타자이자 통산타율 0.344을 보유한 역사상 최고의 야구선수이다. 그가 최고의 선수가 될 수 있었던 이유는 자신이 가장 강한 영역 안에서만 승부를 봤기 때문이다. 그는 스트라이크존을 77개로 분할했을 때 자신 있는 가운데 영역에서는 타율이 0.4까지 올라갔지만, 다른 영역에서는 타율이 0.23까지 떨어진다는 사실을 알게 됐다. 그는 참을성 있게 스트라이크존의 중앙에 공이 올 때까지 기다렸고, 강점의 영역에서만 승부를 봤다.

취업을 준비할 때도 강점에 집중하는 태도가 필요하다. 이미 대학교 4학년 2학기에 접어들었다면, '취업을 위한' 경험을 쌓기에는 시간이 부족하다. 이 시기에 막연히 휴학이나 졸업유예를 하고 인턴 공고를 새로 찾기보다는 그동안 해왔던 경험들을 분석해, 하고 싶은 일보다는 잘하는 일을 철저히 파악하는 편이 좋다.

자신의 강점을 자신 있게 내세울 줄 아는 사람에게는 분명히 눈길이 간다. 서류나 면접에서 흔히 하는 말 중 하나가 "어떤 일이든 맡겨만 주신다면 다 잘할 수 있습니다"이다. 그러나 이 말은 그리 믿음직하게 들리지 않는다. 어떤 일이든지 다 잘할 수 있다는 이야기는 바꿔 말하면, 진짜 제대로 할 수 있는 일은 하나도 없다는 말과 똑같기 때문이다.

능력의 범위를 파악하라. 그 범위가 얼마나 큰지는 별로 중요하지 않다.
그러나 그 범위의 경계가 정확히 어디까지 뻗어 있는지를 파악하는 것은
매우 중요하다.

- 워런 버핏(Warren Buffett), 미국의 사업가이자 투자가

사소한 것일수록
강점일 가능성이 높다

자신만의 강점을 찾으라고 하면, 대부분의 학생들이 고개를 끄덕이면서도 한숨을 푹푹 쉰다. 아무리 생각해도 내세울 만큼 대단한 강점이 없다는 것이다. 그런 이들을 안심시켜줄 만한 사실이 하나 있다. 사실 회사에서도 지원자들에게 대단한 강점을 요구하지 않는다는 것이다. 걱정 붙들어 매고, 작고 소소한 강점부터 하나씩 찾아보자.

이른 여름의 어느 날, "나만의 강점이 뭔가요?"라는 질문에 정말 아무것도 없다며 고민하는 학생을 만났다. 한참이나 대화했지만, 그는 자신의 장점을 도무지 떠올릴 수 없다고 했다. 그런 그의 강점은 우연한 기회에 발견됐다. 이야기를 나누다 필자가 실수로 물을 쏟았는데, 그가 가방 속에서 잽싸게 휴지와 물티슈를 꺼내 건네주는 것이 아닌가. 가만 보니 가방 안에 휴지와 물티슈뿐 아니라 펜,

공책, 반짇고리 등 별것이 다 들어 있었다.

"사실 저는 가방이 늘 무겁습니다. 혹시 면접에서 장점이나 단점을 말해보라고 할 때, 이 무거운 가방 이야기를 해도 될까요? 저는 가방 안에 물티슈, 휴지, 물, 펜 같은 이런저런 잡동사니를 다 넣고 다닙니다. 누가 메모지나 풀이 필요하다고 할 때, 제가 챙겨주는 기쁨이 너무 커서요. 그런데 너무 사소하진 않나요?"

이유를 들어보니, 그만의 재미있는 장점이었다. 가방이 무겁다는 이야기는 항상 준비되어 있고, 다른 사람을 배려한다는 증거로 해석할 수 있었다. 사소한 것에서도 기쁨을 느끼는 긍정적인 성격을 부각시킬 수도 있는 좋은 소재였다. 더군다나 그 학생이 지원하는 직무는 영업이었다. 상대방이 어떤 생각을 하는지 궁금해하고, 배려하고, 무언가 필요하다고 하면 바로 준비해주는 것이 바로 뛰어난 세일즈맨으로서의 역량이므로, 그는 충분히 돋보일 수 있는 강점을 갖고 있었던 셈이다.

회사는 특별한 이야기를 듣고 싶어 하는 것이 아니니 너무 어렵게 생각하지 말자. 아무리 사소하다고 해도, 자신만의 이야기를 하면 된다. 이곳저곳을 여행하며 새로운 경험을 즐기는 성격, 다른 사람들과 쉽게 친해지는 능력, 다른 건 몰라도 숫자 외우는 것만은 잘한다는 자신감 등…. 나의 사소한 장점을 회사 직무와 연결시키면 된다.

서류심사부터 자꾸만 떨어진다면, 다른 사람의 이야기를 따라 하기 때문인 경우가 많다. 공식 홈페이지에서 찾은 회사 소개나 회사에 대한 칭찬만 한가득 써놓거나 '자기소개서 쓰는 법' 같은 책 속 예시를 나의 경험인 척 조금 바꾸거나 인터넷 카페에 올라오는 합격 수기를 그대로 따라 쓰고 있지는 않은가? 이런 이력서에는 스스로에 대한 이야기는 하나도 없다. 결국 인사담당자에게 비슷비슷한 이력서 중 하나가 되고 만다.

회사의 인사담당자들은 자신만의 이야기를 하는 사람을 분명히 가려낸다.

"저희도 요즘 지원자들의 능력이 뛰어나다는 사실을 압니다. 취업하려고 학원까지 다니는 사람도 많다고 들었습니다. 이력서를 받아보면 실제로 잘 쓴 서류들이 많습니다. 그래서 오히려 원석을 가려내려고 애씁니다. 자신만의 강점이 분명히 보이는 원석이요. 자신만의 독창성이 분명히 보여서 잘 다듬으면 자신만의 능력을 발휘할 수 있을 것 같은 사람을 찾는데, 지원자들이 이 사실은 잘 모르는 것 같습니다."

우리는 자신의 강점을 어떻게 찾고, 어떻게 쓰고, 어떻게 말할 것인가를 고민해야 한다. 단, 일방통행은 소용 없다. 아무리 좋은 강점이라도 상대방의 필요에 맞게 이야기해줘야 한다. 예를 들어 이미 써놓은 이력서와 자기소개서에서 지원하는 회사의 이름이나 세부 사항만 바꿔 제출하면 절대 안 된다.

지금부터 회사의 현재 상황과 이슈를 찾는 방법과 그들에게 자신의 강점을 매력적으로 제시하는 법을 알아보자.

당신의 재능이 어디에 있는지 찾아내야만 한다.

다른 사람들이 재능을 발휘하고 있는 분야에

그 분야에는 재능이 없는 당신이 뛰어든다면 십중팔구 패배하게 될 것이다.

재능은 당신이 예측할 수 있는 아주 확실한 것이다.

어디에 당신의 강점이 있는지부터 파악해야 한다.

- 찰리 멍거(Charlie Munger), 버크셔 해서웨이 부회장

3장

취업 저격 2단계:

회사의 욕구를
파악하라

연애와 취업의 공통점

"너는 왜 이렇게 내 마음을 몰라주니?"

연애하면서 누구나 한번쯤 내뱉었을 법한 말이다. 연인과 관계를 잘 유지하려면 상대의 마음을 헤아리고, 상대가 진짜 원하는 것이 무엇인지 들어줘야 한다. 힘든 이야기를 했을 때 아무 소리 하지 않고 들어주길 원하는지, 현실적인 조언이 필요한지, 혹은 지금 어디론가 떠나고 싶은 건지 가만 앉아 쉬고 싶은 건지 등은 상대방을 계속해서 관찰해야만 알 수 있는 사실이다.

취업에 있어서도 상대방을 파악해 그들이 진짜 원하는 것, 궁금한 것을 찾아내는 과정이 꼭 필요하다. 원하는 회사에 입사하는 비결, 또 회사에서 오래도록 즐겁게 일하는 비결은 바로 상대방을 이해하는 데서부터 시작된다.

내가 지원하려는 회사는 지금 어떤 상황일까? 어떤 사람을 필요로 할까? 회사의 가장 큰 고민은 무엇일까? 이렇게 고민하다 보면 답은 분명히 나온다.

취업 준비와 연애는 굉장히 닮은 구석이 많다.

회사에 대한 관심은
지원자를 다시 보게 한다

인사담당자들이 빠뜨리지 않고 강조하는 이야기가 있다. 바로 '회사에 대한 관심도'다.

"해마다 수백 개의 이력서를 받아보는데, 그중 우리 회사에 대해 제대로 조사한 흔적이 보이는 이력서는 드뭅니다. 상대의 머릿속 그림을 들여다보지 않은 탓이죠."

"지원하는 곳이 무슨 일을 하는 회사인지 정도는 꼭 알고 와야 하는 것 아닙니까. 자신이 지원한 회사가 무슨 일을 하는지, 어떤 직무에 지원했는지조차 정확히 모르는 지원자가 정말 많습니다. 예를 들어 회사 내규 준수 점검을 수행하는 금융회사 컴플라이언스Compliance 부서 면접에 온 친구에게 '금융상품에 대해 아는 대로 말해보라', '컴플라이언스 부서에서 하는 일이 무엇인지 알고 있는 가'라고 물었는데 대답을 전혀 못 하더라고요."

"요즘 지원자들은 이력서나 자기소개서는 다들 잘 씁니다. 하지만 당락을 가르는 가장 큰 요소는 '자신이 지원한 회사를 얼마나 알고 있는가', '얼마나 이곳에서 일하고 싶어 하는가'입니다. 그래서 면접에서 우리 회사의 SWOT을 분석해보라든가 우리 회사의 상품과 경쟁사의 상품을 비교 분석해보라는 질문을 던집니다. 이런 질문에 대답하는 수준을 보면 지원자가 우리 회사나 직무에 대해 얼마나 고민해봤는지 바로 압니다."

연애와 마찬가지로, 회사도 자신들에게 관심을 보여주는 지원자들에게 감동받는다. 상대방의 필요와 욕구를 이해하고 그들이 원하는 것을 내밀어야만 취업 세일즈는 성공한다.

일단 가능한 한 많이 정보를 모으고 그 정보를 나의 강점과 이어보자. 회사와 직무에 대한 이해를 바탕으로 나만의 경쟁력은 무엇인지, 그곳에서 어떤 일을 할 것인지, 그 결과 회사에 얼마나 도움이 될지를 이야기할 때 지원자의 서류에는 설득력이 생긴다.

좋은 내용이 있다면 분명 회사는 반응한다. 회사에 대한 관심은 성의 없는 증명사진도 다시 보게 하고, 몇십 번 떨어졌던 사람도 취업에 성공하도록 만든다.

"당시에는 이력서를 처음 써봐서 '얼짱 각도'로 찍은 사진을 이력서에 붙였을 정도였습니다. 그러나 꼭 가고 싶은 회사였던 만큼 무엇이 가장 중요할까를 찾아보다가 그 회사에서 지금 마케팅을 어떻게 하고 있는지를 먼저 살펴봐야겠다는 생각이 들었어요. 그 회사의 광고를 모두 사진으로 찍어서 분석한 내용과 앞으로 나아가야 할 방향 5가지를 A4용지 15장 분량으로 만들어 이력서 서류에 붙였습니다. 그랬더니 회사에서 꼭 만나보고 싶다면서 연락이 왔습니다. 사진만 좀 제대로 찍어서 다시 보내달라고 하면서요. 사실 분석 내용이 얼마나 특별했겠어요. 실력보다는 그 정성에 좋은 점수를 주신 것 같습니다."

"정말 몇십 번을 떨어졌습니다. 너무 힘들어서 마지막이라 생각하고 제 모든 인맥을 활용해 지원하려는 회사에 다니는 선배들을 찾아냈습니다. 같은 취업 준비생 친구들한테 물어봤자 크게 소용이 없었으니까요. 선배들을 통해 회사의 분위기나 부서의 직무 등에 대해 가능한 한 세밀하게 알아봤습니다. 그리고 나서야 제가 이력서를 너무 평범하게 썼다는 사실을 깨달았습니다. 회사들마다 서로 필요로 하는 게 다르고, 지원자들에게도 각각 다른 기술과 경험을 요구한다는 사실을 알게 되었습니다. 같은 회사라도 부서에 따라 필요로 하는 요소들도 달랐습니다. 그때부터 이력서와 자기소개서를 제가 지원하는 회사, 직무 맞춤으로 수정했고, 결국은 취업에 성공했습니다."

자신과 회사를 제대로 파악하면, 자신만의 강점과 상대방에게 필요한 부분이 두루 보인다. 결국 이 과정을 통해야만 자신이 인재라는 것을 증명할 수 있다. 그런데도 많은 이들이 이 과정을 생략한다. 아니, 하긴 한다. 지원하는 회사의 홈페이지를 쓰윽 훑어보고, 그 회사에 취업한 선배나 먼저 취업에 성공한 친구들의 후기를 인터넷에서 검색해 읽어본다. 그것만으로는 충분하지 않다. 물론 지원자들은 변명할 수밖에 없다. "자기소개서를 한두 군데 쓰는 것도 아니고 백 군데는 쓰는데 어떻게 하나하나 다 찾아봐요?"

  그러나 이렇게 쓴 자기소개서는 다 떨어진다. 면접도 마찬가지다. 한 군데라도 제대로 써야 남는 것이 있다.

기업을 제대로 파악하는
7가지 방법

복사도 해본 사람이 더 잘한다

지원하는 회사와 그 회사가 속한 산업 분야, 하고자 하는 직무에 대해 알기 위한 가장 효과적인 방법은 그 조직을 직접 겪어보는 것이다. 일을 직접 해보면 잘할 수 있는 일인지, 자신의 적성과 맞는지, 그 일에 강점을 갖고 있는지를 알 수 있을 뿐 아니라 회사의 상황도 누구보다 잘 알 수 있다.

이 부분도 연애와 똑같다. 아무리 멋진 사람이라도 직접 만나보지 않는 이상 그 사람의 진가를 다 알 수는 없다. 지인들의 말을 아무리 들어봤자다. 낭만적인 드라마를 보고, 연애 소설을 읽어도 실전 연애와는 또 다르다. 마찬가지로 직접 일을 해보는 것과 주변의 이야기를 듣는 것은 전혀 다르다. 한 달, 열흘, 아니 단 하루를 일하더라도 겪어서 알게 된 정보에는 훨씬 더 큰 가치가 있다.

"한 경제연구소에서 일해보고 싶어서 어렵게 인턴으로 들어갔습니다. 그런데 인턴을 하면서 만난 직원 분들이 모두들 여기는 절대 오지 말라고 손사래를 치더라고요. 제가 겪어본 바로도 실제로 관료적이고, 분위기도 좋지 않았습니다."

"화장품에 정말 관심이 많아서 화장품 회사에서 일해보고 싶었는데, 이번 여름에 인턴으로 근무할 수 있어서 정말 좋았습니다. 생각보다 엄청 힘들고, 야근도 많이 하는 분위기였습니다. 예전에는 그냥 '좋은 회사'라고만 생각했는데 겪어보니 해야 할 것들이 훨씬 많더라고요. 그래도 그 정도는 감수할 수 있을 것 같다는 생각이 들었습니다."

물론 인턴이나 아르바이트, 단기 근무자에게 맡겨지는 일은 대부분 단순하다. 복사나 프린트하기, 엑셀로 데이터 정리하기, 보고서 보조하기, 여기저기 전화를 돌리거나 단순 데이터 조사하기 등이다. 우리 생각과는 다르게 말 그대로 '별것 아닌 일'일 수도 있다. 그래도 이런 일을 해본 사람과 해보지 않은 사람은 천지차이다. 회사 선배들이 어떤 일을 하는지, 일이 어떤 과정으로 진행되는지, 전화를 할 때는 어떻게 대화를 시작하는지, 회의를 할 때에는 어떤 주제들을 논의하는지 알게 된다. 이처럼 회사 고유의 문화를 겪어보는 것은 지원자에게 큰 자산이 된다. 회사원들은 말한다. "복사도 해본 사람이 훨씬 더 잘해"라고 말이다.

문제는 그 회사 안에 잠시라도 들어가기가 어렵다는 데 있다. 취업 경쟁률이 100:1이라면 인턴이나 아르바이트, 홍보대사 경쟁률은 적어도 30:1 정도는 된다. 그렇다면 우리는 어떤 방법으로 회사에 대해 알아볼 수 있을까?

다음의 기업을 파악하는 방법들은 거시적인 사업 동향 파악으로 시작해 특정 회사의 세부 이슈를 파악하는 단계로 이어진다. 이 7가지 방법을 이용하면 자신이 지원하는 회사의 시장 상황, 이슈와 트렌드, 경쟁 관계, 제품군, 제품이나 서비스의 특장점과 보완해야 할점을 전부 꿰뚫을 수 있다. 이 정보를 바탕으로 회사의 고민과 이슈를 알아내는 것이 목표이다. 상대방에 대해 알아보는 시간이 쌓일수록 지원자에게는 도움이 된다.

기업을 자세히 파악하는 방법을 알아보자

- 하루 30분씩 종이 신문 읽고 리뷰하기
- 관련 분야의 책을 읽고 독후감 쓰기
- 전자공시시스템의 사업보고서 탐독하기
- 증권사의 분석 보고서를 읽고 나름대로 분석하기
- SNS로 회사의 공식 계정이나 CEO와 친구 맺기
- 선배들의 이야기에 귀 기울이기
- 현장을 직접 관찰하기

1. 하루에 30분씩 종이 신문 읽고, 리뷰하기 :
   거시경제와 시사 상식은 기본, 내 관심 업종까지 파악한다!

"어떤 휴대전화를 쓰십니까?"

"LG전자에서 나온 G20 모델을 씁니다."

"G20에 들어간 디스플레이의 해상도를 알고 있으세요? 경쟁사 디스플레이와 어떤 차이가 있나요?"

"…."

LG전자의 면접 시간. 어떤 휴대전화를 쓰는지 묻자 당당하게 "LG전자 모델을 사용한다"고 대답했던 지원자는 다음 물음에서 꿀 먹은 벙어리가 됐다. '신문에서 휴대전화 신제품 비교 기사만 꼼꼼히 읽었어도…'라고 후회해봤자 이미 떠나버린 버스였다.

신문을 처음부터 끝까지 꼼꼼하게 읽기는 쉽지 않다. 그러나 산업 전반에 대한 이해와 각 회사의 이슈 파악, 시사상식 습득에 신문만큼 좋은 도구는 없다. 하루에 딱 30분만 투자해서 신문을 보자. 중고등학교 때 자주 했던, 소소한 방법이라고 무시하면 안 된다.

이때 인터넷 뉴스가 아니라 종이 신문을 보는 것이 중요하다. 우리가 접하는 뉴스의 대부분은 포털 사이트나 SNS를 통해서다. 내 마음대로 편집이 가능한 채널에서는 자연스레 관심이 가는 분야의 기사만 읽게 되기 마련이다. 종이 신문은 현재 대한민국을 비롯한 세계의 이슈를 정치, 경제, 사회, 문화 등 다방면으로 나누고 중요도 순으로 배치해 보여준다.

종이 신문을 처음부터 끝까지 찬찬히 읽으면서, 관심 가는 산업이나 회사에 대한 뉴스들을 스크랩해보자. 정독하기 힘들다면 일단은 슬슬 넘겨가면서 눈에 띄는 기사의 제목만 보고 넘어가도 좋다. 신문에 익숙해지는 과정이 필요하기 때문이다. 더불어 기사에 대한 자신의 생각도 함께 정리한다면 금상첨화다. 이렇게 하면 서류와 면접의 50% 정도는 자연스레 준비된다.

예를 들어 IT 서비스에 관심이 있다면 삼성이나 LG뿐 아니라 구글이나 네이버, 다음카카오, 아마존 등 국내외 기업들의 행보는 어떤지, 그들이 지금 어떤 분야에 투자하고 있고, 어떤 회사를 인수하고 있는지, 어떤 서비스를 시작했는지 등을 살펴보자. 금융에 관심이 있다면 한국은행이 금리를 왜 조정했는지, 전문가들은 현 상황이 언제까지 유지될 것이라고 예상하는지, 증권사나 은행은 어떤 금융 상품을 판매하고 있는지 등을 중점적으로 보자. 이렇게 스크랩한 신문 기사는 면접을 앞뒀을 때, 현재의 현황과 미래 전망을 확인할 수 있는 가장 빠르고 효과적인 수단이 된다.

실제로 현대자동차의 인사담당자 중 한 명은 신문 스크랩의 중요성에 대해 이렇게 언급했다.

"관련 분야의 신문 기사를 스크랩하고 분석하면서, 자동차 산업의 미래 환경을 예측하고 현대자동차가 선택한 전략에 대해 평가

해야 합니다. 또한 그때 자신의 역할에 대해서도 나름의 대답을 준비해야 합니다. 예를 들어 마케팅 부서에 입사하고 싶다면 판매 채널에 혁신을 가져올 영업 방법과 창의적인 마케팅 방안이 무엇인지에 대해 준비해보면 어떨까요."

신문을 읽다 보면 자신의 관심 분야가 무엇인지도 대략 알 수 있다. 필자의 경우, 정치면은 상대적으로 빨리 넘기고 금융 관련 이슈들이나 교육 정책, 고민 상담 부분에 눈이 가는 편이다. 그래서 그 기사들을 꼼꼼히 읽고, 후에 사용할 수 있을 만한 것들은 따로 스크랩해둔다. 이런 관심사는 어느 날 갑자기 생기는 것이 아니다. 하루에 30분씩, 꾸준히 신문을 읽다 보면 자꾸만 시선을 당기는 산업이나 회사들이 나타날 것이다.

2. 관련 분야의 책을 읽고 독후감 쓰기:
직무에 대한 관심도를 보여줄 수 있는 가장 손쉬운 도구

"마케팅 신입사원을 뽑는 면접에서 있었던 일입니다. 구직자에게 최근에 읽은 책은 무엇인지를 물었습니다. 소설책을 2권 정도 읽었다고 했습니다. 소설책을 읽을 수도 있죠. 그 소설을 읽으면서 마케팅과 관련된 새로운 생각을 했을 수도 있습니다. 그런데 '재미있다'는 감상이 전부여서 제가 더 당황했습니다. 게다가 마케팅 관련 책은 읽은 것이 없냐고 물으니, 대답을 못 하더라고요. 마케팅 직무에 지원하는 사람이 마케팅 관련 책은 하나도 읽지 않았으면 어쩐답니까."

"펀드매니저가 되겠다는 결심에는 20살 무렵에 읽은 보도 섀퍼Bodo Schafer의 《돈》이라는 책이 결정적인 영향을 미쳤습니다. 제가 생각보다 돈에 관심이 많다는 사실을 알게 되었기 때문입니다. 그 뒤로 앨리스 슈뢰더Alice Schroeder의 《스노볼》, 벤저민 그레이엄Benjamin Graham의 《현명한 투자자》, 피터 린치Peter Lynch의 《전설로 떠나는 월가의 영웅》 등을 읽으며 계속해서 이 분야에서 일하겠다는 꿈을 키웠습니다."

책과 관련된 두 대화를 연속해서 읽어보면 책 읽기의 중요성을 깨달을 수 있다. 무조건 많은 책을 읽어야 한다는 뜻이 아니다. 적어도 가고자 하는 방향과 관련된 책들에는 꾸준히 관심을 가져야 한다.

가장 먼저 관련 분야에 대한 지식을 쌓을 수 있다. 다음으로 위 사례에서도 볼 수 있듯 책은 면접에서 관련 분야에 대한 관심도를 보여줄 수 있는 가장 손쉬운 도구다. 분야 최고의 선배들의 경험담을 아주 자세하게 접할 수 있는 방법이기도 하다.

3. 전자공시시스템의 사업보고서 탐독하기 :
재무제표부터 산업 현황까지, 회사가 제공하는 정보를 모아라

삼성전자의 재무회계 직무에 지원해 합격한 지원자가 있다. 그가 합격할 수 있었던 가장 큰 이유는 이러했다.

"면접에서 최근 몇 년간 삼성전자의 재무 현황을 저만의 관점으로 분석해 설명한 것이 면접관들에게 좋은 점수를 받을 수 있었던 이유 같습니다. 사업보고서, IR 자료 등을 꼼꼼히 살피면서 회사의 경영, 재무, 주가 정보와 주주 현황 등을 파악하고, 제가 학교에서 배운 내용과 연계해 분석하고 설명했습니다."

지금 바로 전자공시시스템(dart.fss.or.kr)에 접속해 관심 있는 회사의 이름을 검색해보자. 관심 있는 회사가 상장사라면 그 회사가 공시한 정보들이 쭉 나올 것이다. 이 중에서 특히 주목해 읽어봐야 할 것은 사업보고서(1년), 반기보고서(6개월), 분기보고서(3개월)이다.

사업보고서에서는 '회사의 개요'와 '사업의 내용' 부분을 꼼꼼히 읽어보자. 사업보고서에는 회사 자체는 물론 산업의 현황까지 매우 자세히 서술되어 있다. 그 회사가 어떤 일을 하는지, 업계 내 경쟁 기업은 어디인지, 신규 비즈니스는 무엇이고 그 비즈니스의 현황은 어떠한지 등을 전부 알 수 있다. 회사의 사업보고서를 다 읽어 봤다면 그 산업군에 속한 다른 회사들의 사업보고서도 읽어보자. 엔터테인먼트 회사에 지원하려고 한다면 그중에서도 유명한 회

전자공시시스템 홈페이지

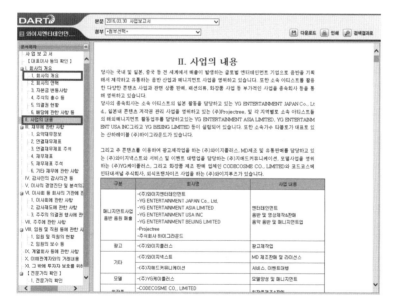

전자공시시스템에서 YG엔터테인먼트의 사업보고서를 검색한 화면

사인 YG엔터테인먼트, SM엔터테인먼트, JYP엔터테인먼트, CJ E&M 등의 사업보고서를 다 읽어보는 식이다. 산업군에 대한 지식이 차곡차곡 쌓일 것이다.

회사에 대해 좀 더 자세히 알고 싶다면, 재무제표를 살펴보면 된다. '회사의 개요' 다음 부분에 재무에 관한 사항이 수록되어 있다. 만약 이 자료로도 모자라다는 생각이 들면, 마찬가지로 전자공시시스템 사이트에서 투자자들에게 회사 정보를 제공하기 위해 작성하는 문서인 IR 보고서도 열람해볼 수 있다. 물론 이 모든 정보는 무료다.

4. 증권사의 분석 보고서를 읽고 나름대로 분석하기 : 전문가의 정보를 훔쳐라!

회사 분석, 산업 분석을 전문적으로 하는 사람들이 있다. 바로 증권사의 애널리스트다. 그들은 IT, 금융, 해운, 조선, 건설, 파생, 미디어, 화장품, 인터넷, 여행, 엔터테인먼트 등 각 부문의 산업 전반과 회사들을 분석해 투자할 만한 가치가 있는지 여부를 평가한다.

자동차 분야의 애널리스트는 자동차 산업에 영향을 미치는 여러 요소들을 살펴보고 국내 자동차 브랜드와 해외 자동차 브랜드들에 대한 분석 보고서를 만든다. 유통 분야의 애널리스트는 신세계백화점, 롯데백화점 등 국내 대형 백화점의 현황을 조사할 뿐 아니라 그와 관련된 홈쇼핑 산업 전반과 GS홈쇼핑, 현대홈쇼핑, CJ홈쇼핑

증권사에서 제공하는 분석 보고서

등 개별 회사의 상황을 분석한다. 유가 증권시장에 상장되어 있는 회사와 산업들에 대한 친절하고 전문적인 분석을 우리는 그저 읽어보기만 하면 된다.

증권사마다 각각 애널리스트를 두고 있는 만큼 다양한 분석 보고서를 읽어볼 수 있다면 좋겠지만 '블룸버그Bloomberg'나 '에프앤가이드FnGuide' 등 금융권에서 주로 사용하는 서비스들은 이용료가 워낙 비싸다. 그렇다면 이 정보들을 무료로 얻을 수 있는 방법은 없을까? 있다. 바로 증권사에서 고객들에게 제공하는 정보를 이용하는 것이다. 한국투자증권, 미래에셋대우증권, NH투자증권 등 여러 증권사 중 마음에 드는 곳을 골라 계좌를 만들고, 온라인 회원 가입을 하자. 그 후 증권사 홈페이지의 '투자정보'에 들어가면 필요한 기업/산업 분석 보고서를 검색해볼 수 있다.

증권사 애널리스트들의 분석 보고서에는 각 회사에 대한 시장의 평가와 기대를 바탕으로 하는 분석, 각 회사들의 핵심 사업, 현재 실적과 그에 대한 시장의 평가, 향후 기대되는 사업이나 이익 추정치 등 우리가 꼭 알아야 할 다양한 정보들이 정리되어 있다. 물론 미래에 대한 기대치나 이익 추정치는 애널리스트 개인의 판단과 분석에 의한 정보이니 확실하게 맞다고 할 수는 없지만, 회사에 대한 정보와 최근 이슈에 대한 분석 내용은 구직자들에게 아주 유용하다.

5. SNS로 회사의 공식 계정이나 CEO와 친구 맺기: 자신이 CEO라고 생각하며 펼치는 메소드 연기!

요즘 대부분의 회사들은 페이스북이나 블로그, 트위터, 인스타그램 등을 통해 온라인 마케팅 활동을 하고 있다. 심지어 회사의 CEO들이 SNS를 직접 챙기는 경우도 많다. 그들은 SNS를 통해 회사의 활동이나 리더들의 생각을 전파한다. 그래서 SNS에는 어떤 신제품이 나왔는지부터 이벤트 계획, 원하는 인재상, 회사의 도전 과제 등이 전부 담겨 있다.

SNS의 글을 읽으며 자신이 그 회사의 사장이라고 한 번 생각해보자. 일명 'CEO 메소드 연기'를 펼쳐보는 것이다. 메소드 연기란 배우가 극 중 배역에 몰입해 그 인물 자체가 되어 연기하는 방법이다. 구직자 자신이 회사의 대표 입장에 서서 SNS 속 신제품을 개발한 이유, 마케팅 방법, 후속으로 출시하고 싶은 제품 등에 대해 고민해보는 것이다. 직원으로서의 고민과 CEO로서의 고민은 확연히 다를 수밖에 없다. CEO는 맞다고 생각하는 일을 과감하게 추진할수도 있지만, 동시에 비용에 가장 민감한 사람이기도 하다. 결과적으로 현실적인 대답이 나올 수밖에 없다.

스스로에게 이런 질문들을 던지다 보면 자동으로 면접 준비가 된다. 삼성전자는 면접에서 "기술의 발전 덕분에 우리는 휴대전화로 여러 가지 기능을 동시에 사용하고 있다. 그에 따라 배터리 소모도 큰데 이를 해결하기 위한 방안이 있다면?"이라고 묻는다. 현대자동차에서는 "미래 자동차에 적용할 만한 신기술이 있다면?"이라고 질문한다. SK텔레콤은 "이동통신 가입자가 포화 상태인 지금, 회사는 무엇을 해야 살아남을 수 있을까?", LG전자는 "LG전자에서 만들고 싶은 제품이 있다면?"이라고 묻는다. 롯데는 "중국인 VIP에게 적용할 만한 마케팅 방법은?"을 물어본다.

이런 질문들의 공통점은 그 자체가 회사들의 가장 큰 고민이라는 사실이다. 회사들은 자신들의 고민을 비밀로 하지 않는다. 공식 페이스북을 통해, CEO의 메시지를 통해 계속 드러낸다. 그러니 관심 가는 회사가 있다면 관련 계정을 가능한 한 많이 구독해놓고 본인이라면 이 상황을 어떻게 타개해나갈지, 직접 그 상품이나 서비스를 사용해보았을 때 느낌은 어떠했는지 등을 계속해서 고민하고, 그 내용을 기록하자.

6. 선배들의 이야기에 귀 기울이기 :
현장의 생생한 고백을 듣는다

한때 스타트업 회사 내부의 소통 문제에 대해 관심을 가진 적이 있었다. 그중에서도 폭발적으로 성장해 직원의 숫자가 갑자기 많아진 회사의 경우 내부 갈등이 있지는 않은지, 있다면 해결방안은 무엇일지 궁금했다. 문제는 필자 주변에 스타트업 관계자가 단 한 명도 없었다는 점이었다. 그래서 먼저 언급한 대로 신문을 열심히 보며, 스타트업 대표들과 SNS에서 친구가 되는 방법을 취했다. 다음으로 창업진흥원이나 창조경제혁신센터 등 스타트업 회사를 지원하는 조직들을 찾아갔다. 그곳에서 소개받기도 하고, 강의를 듣기도 하며 스타트업 회사 대표들을 만났다. 원래 알고 있었던 스타트업 회사 대표나 그 조직에서 일을 하고 있었던 사람은 단 한 명도 없었다. 뛰어다니면서 만나게 된 사람들에게 마침내 그들의 실제 고민은 무엇인지 확인할 수 있게 된 것이다.

자, 그러니 부끄럽다고 생각하지 말고 인맥을 총동원해보자. "나는 이렇다 할 인맥이 없어요"라고 고민할 수도 있다. 없다면 만들면 된다. 취업박람회에도 가보고, 각 학교별로 진행하는 멘토링 프로그램이나 '선배와의 대화' 시간에 참석하면 된다.

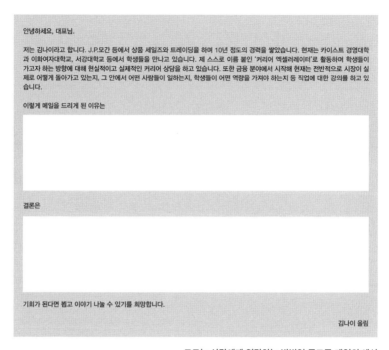

안녕하세요, 대표님.

저는 김나이라고 합니다. J.P.모간 등에서 상품 세일즈와 트레이딩을 하며 10년 정도의 경력을 쌓았습니다. 현재는 카이스트 경영대학과 이화여자대학교, 서강대학교 등에서 학생들을 만나고 있습니다. 제 스스로 이름 붙인 '커리어 엑셀러레이터'로 활동하며 학생들이 가고자 하는 방향에 대해 현실적이고 실제적인 커리어 상담을 하고 있습니다. 또한 금융 분야에서 시작해 현재는 전반적으로 시장이 실제로 어떻게 돌아가고 있는지, 그 안에서 어떤 사람들이 일하는지, 학생들이 어떤 역량을 가져야 하는지 등 직업에 대한 강의를 하고 있습니다.

이렇게 메일을 드리게 된 이유는

결론은

기회가 된다면 뵙고 이야기 나눌 수 있기를 희망합니다.

김나이 올림

모르는 사람에게 연락하는 방법인 콜드콜 메일의 예시

대화를 꼭 나누고 싶은 사람이 생겼다면 '콜드콜Cold call'을 하면 된다. 모르는 사람에게 일방적으로 연락하는 것을 콜드콜이라고 한다. 선배들은 의외로 자신에게 도움을 구하는 후배를 귀찮아 하지 않는다. 물론 질문할 때는 정중하게 예의를 갖춰야 한다. 본인에 대한 소개나 연락하게 된 배경은 전혀 설명하지 않고 앞뒤 없이 '들이대는 경우'에는 대부분의 사람이 불쾌감을 느낀다. 다짜고짜 자기소개서를 보내 첨삭을 요청하거나 회사 정보를 묻는다면, 답변을 받기 힘들다.

먼저 본인이 누구인지 간단하게 소개하고, 어떻게 알고 연락을 하게 되었는지, 왜 연락을 하는지 등의 목적과 이유를 서두에 분명히 밝혀야 한다. 글을 쓰는 방식에도 신경을 써야 한다. '했는데요', '같은 듯한데요' 등의 주장이 불확실한 말투, 'ㅋㅋㅋ', 'ㅠㅠ' 등 인터넷 용어나 이모티콘의 사용은 자제해야 한다. 물론 답변을 받지 못하는 경우나 거절당하는 일도 있을 것이다. 그럴 때는 '많이 바쁘신 분이구나' 하면서 가볍게 떨쳐내고, 다른 사람에게 다시 도전하면 된다.

인터넷 취업 정보 사이트 등의 면접 후기나 그 회사가 어떻다더라 하는 소문처럼 단편적인 이야기 대신 그 조직에서 일하고 있는 사람들의 실제적인 이야기를 많이 들어보고 정보를 모으는 것, 상대방을 알아가는 가장 유용한 방법 중 하나이다.

선배를 만나고 싶은데 막막하다면?

어떻게 직접 선배들을 찾아내고 접근해야 할지 두려움이 앞선다면, 우선 온라인 멘토링 서비스 '잇다(itdaa.net)'를 활용해보자. 20개 국, 1,000여 명의 회사 현직자들에게 취업에 대한 고민을 묻고 답할 수 있는 사이트로, 서비스 이용은 무료다. 관심 분야에서 일하는 멘토를 찾아 메일을 보내면 1:1로 정말 현실적인 조언을 받을 수 있다. 필자 역시 '잇다'의 멘토 중 한 명이다!

---

7. 현장을 직접 관찰하기 :
현장의 분위기에 모든 답이 담겨 있다

조직 속에서 어떤 일이든 해보는 것이 회사를 파악하는 데 가장 효과적인 방법이지만 사실 매우 힘든 일이기도 하다. 그렇다면 현장을 관찰해보자. 회사의 인테리어에서부터 직원들의 태도 등 현장의 분위기에는 그 회사를 파악할 수 있는 단서가 많이 담겨 있다.

"A은행의 기업금융 부문에서 일하고 싶었는데, 저는 다른 친구들에 비해 뛰어난 게 없었어요. 여러 방법을 고민하다가 일단 그 은행의 기업금융 지점에 가보기로 했습니다. 3개월 동안 1~2주일에 한 번씩 찾아가 인테리어도 살펴보고, 직원들이 고객을 대하는 태도도 관찰했어요. 딱 봐도 학생으로 보이는 제가 계속 찾아가니까 직원 분들이 무슨 일로 왔냐고 물어보셨습니다. 제가 이유를 말씀드리니 나중에는 반겨주시기도 했습니다. 서류와 면접에서 이런 이야기를 하면서 저의 관심과 열정을 표현했고, 결국 이 회사에 입사할 수 있었습니다."

"투자 분야에 관심이 많아 주식동아리나 교내에서 열리는 투자대회 같은 활동들에 열심히 참가했습니다. 그러다 보니 실제 증권사나 은행에서는 자산관리를 어떻게 하는지 궁금해졌어요. 부모님의 동의하에 가족의 자산 내역을 증권사와 은행에 직접 들고 갔습니다. 직원분들에게 컨설팅을 받아보니 증권사와 은행의 차이나 막연하게만 알고 있던 투자 진행 과정 등을 좀 더 이해할 수 있게 되었습니다. 이 경험을 지원동기에 썼습니다."

상대방을 파악하는 가장 효과적인 방법은 직접 부딪히고, 듣고, 보는 것이다. 그러나 현실적으로 관심 있는 회사들을 전부 가볼 수는 없다. 그럴 땐 취업스터디를 활용해보자. 지원자들끼리 둘러앉아 자기소개서를 첨삭하거나 면접 대답을 고쳐주는 활동은 크게 효과적이지 않다. 스터디원 모두가 회사에 대해 잘 모르는 상태이기 때문이다.

조를 나눠 여러 회사를 가보고, 보고 들은 경험을 공유해보자. 만약 유통 분야에 관심이 있다면 백화점, 아울렛, 마트 등을 나누어 관찰한 뒤 매장 내 제품 진열 방법, 팔고 있는 상품군, 같은 상품에 대한 가격 정책 등을 서로 비교해보는 것이다. 또 온라인이나 모바일 쇼핑몰을 이용해보고 경쟁 관계는 어떤지도 분석해보자.

금융에 관심이 있다면 거래소, 대형 증권사, 중소형 증권사, 은행 등 성격이 각기 다른 곳들을 방문해보면 좋다. 그들은 지금 어떤 금융 상품을 팔고 있는지, 주로 어떤 시간대에 바쁜지, 어떤 고객들이 주로 방문하는지, 각 회사의 인터넷뱅킹과 모바일뱅킹의 장단점은 무엇인지 이야기를 나누어보자. 이렇게 직접 보고 듣고 관찰한 정보가 나만의 자산이자 경쟁력이다.

관찰의 범위를 넓히면
경쟁력이 생긴다

외국계 스포츠 브랜드의 홍보 업무에 지원해 면접을 앞두고 있다는 한 학생이 찾아왔다. 그는 마케팅이나 홍보 분야에서 일하고 싶다는 목표를 가지고 소비재 마케팅 회사에서 인턴으로 근무한 경험도 있고, 간단한 광고 이미지나 영상을 직접 만들어본 적도 있었다. 다재다능한 친구였다.

외국계 회사의 경우, 국내 회사처럼 대규모 공개 채용을 진행하지 않고 업무를 진행할 사람을 소수로 채용한다. 그래서 인턴이든 신입사원이든 간에 해당 직무가 정확히 어떤 일을 하고, 어떤 역량을 요구하고 있는지를 조사해보는 과정이 꼭 필요하다.

"지금 채용하는 분야에서 정확히 어떤 일을 하는지(하게 될지) 알고 있나요?"

"네. 회사의 사회적 책임을 기획하고 홍보하는 CSR_{Corporate Social}

_{Responsibility} 분야에서 일할 신입사원을 찾고 있다고 들었습니다."

"그럼 일단 그 회사가 어떤 사회공헌활동을 하고 있는지를 먼저 알아보세요. 유소년 축구팀 등 지원 같은 활동을 할 것 같은데, 한 번 확인해봤어요?"

"네. 유소년 축구와 관련된 활동들을 지원하는 것으로 알고 있습니다."

"그럼 이 분야의 다른 회사들은 어떤 활동을 하고 있나요?"

"…."

지원자들이 회사에 대한 정보를 파악할 때, 많이 놓치는 부분이 바로 이런 것이다. 자신이 지원하는 회사에만 너무 집중한 나머지 경쟁사들에 대한 조사는 소홀히 한다. 그러나 그 회사 자체에 대한 정보만큼이나 경쟁사의 특징, 경쟁사 제품의 특징, 현재 산업군 내에서의 위치 비교 등도 매우 중요하다. 다른 산업군의 비슷한 직무에서는 어떤 일을 하는지까지 파악해보면 지원자만의 특별한 감정이 된다.

앞에서 언급했듯 면접 질문 중 상당수는 각 회사가 지금 고민하고 있는 바로 그 문제이다. 어떤 회사든 기존 직원들은 풀지 못하는 문제를 가지고 있다. 그 문제를 풀 수 있는 사람을 찾고자 계속해서 질문을 던지고, 그에 걸맞은 인재를 채용하는 것이다. 원하는 회사에 입사하고 싶다면 먼저 이 회사가 무엇을 고민하고 있는지부터 파악해야 한다.

어느 기업이든 경쟁사란 필수불가결한 존재이다. 아무리 매출을 많이 냈다 하더라도, 경쟁사보다 매출이 낮았다면 실패한 해일 수도 있다. 동시에 경쟁사들이 의견을 모아 공동 마케팅을 할 수도 있고, 좋은 마케팅 사례가 있으면 서로 배울 수도 있다. 따라서 지원자가 경쟁사와의 비교를 통해 현재 회사의 문제를 객관적으로 분석해 보여주면, 인사담당자들이 관심을 가질 수밖에 없다.

홍보팀 입사를 꿈꾸는 구직자에게 이렇게 조언했다.

"지금 회사에서 진행하는 CSR 활동이 잘 홍보되어 효과를 누렸는지 살펴보세요. 한국뿐만 아니라 미국이나 일본, 독일 등, 그러니까 해외에서의 브랜드 성공 사례들을 찾아서 비교 분석해보세요. 사회공헌활동을 잘하고 있는 다른 산업의 회사도 찾아보면 어떨까요? 그중에 분명 벤치마킹할 만한 내용이 있을 겁니다. 그리고 비교 분석한 결과 자신은 어떤 아이디어를 보여줄 수 있는지를 추가로 정리해가면 좋을 것 같습니다."

한 달 후 찾아온 그는 아쉽게도 면접에서 탈락했다는 소식을 전했다. 시간이 부족해 스포츠 마케팅을 하는 업체들의 사례만 주로 조사해갔는데, 면접에서는 다른 산업군에서 사회공헌활동을 잘하고 있는 회사의 사례를 알고 있는지, 알고 있다면 그 사례를 지원하는 회사에서 어떻게 활용하면 좋을지 물었다는 것이다.

사실 막연하게 경쟁사를 파악하라고 하면 절대 쉽지 않다. 그러므로 이렇게 순서를 정리해보자.

먼저 경쟁사가 어디인지를 파악하고 그 회사의 특징이 무엇인지 확인한다. 다음으로 경쟁사의 대표 제품과 입사하고자 하는 회사의 제품을 비교해 분석하고, 산업군 내에서 지원하는 회사의 순위를 매겨본다. 벤치마킹해볼 만한 해외의 성공 사례도 찾아본다. 마지막으로 다른 산업군의 비슷한 직무에서는 어떤 일을 하고 있는지 살펴보자. 응용할 만한 내용을 발견할 수 있기 때문이다.

경쟁사 분석이 입사의 핵심 키워드다

· 경쟁사의 종류
· 산업군 내 순위
· 경쟁사의 제품·서비스
· 경쟁사의 성공 사례
· 해외 회사의 성공 사례
· 다른 산업군 내 비슷한 직무의 활동

은행에 지원한다면 요즘 은행권 이슈는 무엇이고, 지금 산업이 어떻게 변화하고 있는지, 지원하는 은행은 어떤 금융서비스에 중점을 두고 있는지 알고 있어야 한다. 지원하는 회사와 경쟁사의 광

고 모델을 비교해 그 효과를 분석해보자. 최근 눈에 띄는 서비스로 호평을 받은 해외 은행이 있는지 등도 찾아본다. IT 서비스 회사에 지원한다면 최근 IT 서비스와 관련된 화제는 무엇이고, 경쟁사들은 어떤 서비스들을 제공하고 있으며, 이들의 차이점은 무엇인지, 이 회사만의 장점은 무엇인지 확인해보자. 모바일 게임 등 다른 사업군에서는 어떤 종류의 상품을 개발하고 있는지 등도 조사해보자. 홈쇼핑 업체에 지원한다면 현재 홈쇼핑사 간의 시장 점유율은 어떤지, 어떤 회사가 1등을 하고 있는지, 1등 회사의 전략은 무엇인지, 자신이 지원하는 회사는 지금 현재 어떤 위치인지, 모바일에서는 어떤 마케팅을 펼치고 있는지, 해외 진출 현황은 어떠한지 등을 알고 있어야 한다. 홈쇼핑 업체의 발전을 저해하는 요소가 무엇인지까지 스스로 파악해본다면 금상첨화다.

알고 있는 내용이 많아야 서류에서도, 면접에서도 할 말이 많아진다. 지원자 스스로가 이 회사의 사장이라고 생각해보자. 회사의 고민을 알고 있고, 경쟁사와의 비교를 통해 자신만의 답을 찾아낸 지원자에게 믿음이 가는 게 당연하지 않을까?

Q. 'CU 편의점'의 홍보 마케팅 부문에 지원하려고 합니다. 특히 도시락 사업에 관심 있는데, 경쟁사 분석을 어떻게 해야 할까요?

A. 다음과 같이 항목별로 나누어 조사하면, 필요 요소를 빠뜨리지 않고 세밀하게 경쟁사를 분석할 수 있습니다.

1. 제품 판매 및 인지도 순위: GS25 - 세븐일레븐 - CU

2. 경쟁 회사의 제품: 김혜자 도시락, 홍석천 도시락(GS25), 혜리 도시락(세븐일레븐) 등

3. 경쟁사의 성공 사례: 혜리 도시락 - 걸그룹 걸스데이의 혜리를 모델로 삼고, 도시락 개발에 직접 참여했다는 이야기를 적극적인 홍보 포인트로 삼음

4. 해외 회사의 성공 사례: 일본의 세븐일레븐 - 다양한 재료 사용 및 메뉴 개발, 약 5,000원짜리 저렴한 한 끼 식사에서부터 30만 원짜리 명절 도시락까지 가격 및 성격을 다양화함

5. 다른 산업군 내 비슷한 직무의 활동: 세종호텔, 밀레니엄힐튼호텔 - 기존 식사보다 저렴하지만 고급 메뉴들로 구성된 '프리미엄 도시락'을 출시해 판매 중. 특히 세종호텔의 도시락은 출시 첫 달에만 1,800개가 판매되는 등 좋은 반응을 얻고 있음

기업 분석은
결국 나를 위한 투자다

회사 인사담당자들은 지원자들이 회사에 대해 잘 알고 있기를 바란다. 이유는 간단하다. 그래야 회사에 들어와서 일을 잘할 수 있기 때문이다. 이 회사가 무슨 일을 하는 곳인지, 직무 특성은 어떠한지 알고 들어온 사람과 그냥 '이미지가 좋아서' 혹은 '어디든 취업해야 하니까' 지원한 사람 중 누가 더 일을 잘할까?

회사 분석은 취업을 위해서도 중요하지만 자신을 위한 시간이기도 하다. 회사에서 인정받으면서 오래오래 일하고 싶다면, 하루 8시간 이상을 보내는 곳에서 의미 있는 경험을 쌓고 싶다면 꼭 필요하다. 힘들게 취업을 준비하고 가까스로 회사에 들어가도 1년 이내에 회사를 그만두고 나오는 비중이 30% 가까이 된다고 한다. 그 이유를 살펴보면 '회사나 직무가 내가 생각한 것과 달라서(조직/직무 적응 실패)'가 1위를 차지한다.

여기에는 분명 회사 탓도 있다. 마케팅 직무로 입사한 사원을 연

신입사원들의 퇴사 이유

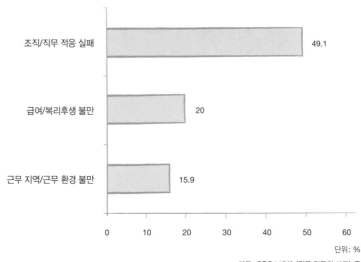

단위: %

자료: SBS스페셜 〈젊은 것들의 사표〉 중

구직에 넣는다든가 자리에 앉아서 꼼꼼하게 일하는 성격인 직원에게 영업을 시키는 등 지원자의 강점을 고려하지 않은 배치도 원인일 수 있다. 실제와 입사 전 파악했던 회사의 분위기나 문화가 너무 달라 적응하기 힘들 수도 있다.

그러나 회사에 대해 잘 모르는 데도 무턱대고 지원해 입사했다면 본인의 잘못도 있다. 여기저기 다 쓰다가 덜컥 합격해서, 계속 취업을 준비하기엔 막막하고 힘들어서, 이 정도면 됐다고 생각해서 첫 직장을 선택하는 사람이 의외로 많다. 그러니 막상 입사하고 보면 '이게 아닌데' 싶은 것이다. 물론 모든 경험은 피가 되고 살이

되지만, 피할 수 있는 시행착오를 굳이 겪을 필요는 없다.

회사에 대해 잘 분석해야 하는 이유는 또 있다. 미래 전망이 좋은 산업군에 속해 있고, 발전 가능성이 큰 회사에 입사해야만 우리도 계속해서 발전할 수 있다. 어렵게 들어간 회사인데 업계 분위기가 매우 나쁘다거나 자금문제로 구조조정을 앞두고 있다면? 이런 환경에서는 무엇이든 새롭게 시도해볼 수 있는 여유가 없다. 다람쥐 쳇바퀴 돌리듯 하루하루 주어진 일을 해결하는 것이 최우선이고, 미래를 그리거나 아이디어를 구체화하는 작업은 거의 불가능하다.

결국 회사 선택에 내 인생의 일부가 달려 있다. 우리는 단순히 돈을 벌기 위해 그 자리에 앉아 있는 것이 아니라 자신의 미래에 시간과 에너지를 투자하는 것이다. 단기적인 안정성과 급여만을 생각하지 말고, 그 회사와 산업이 현재 어떤 상황에 놓여 있는지, 앞으로 성장 가능성이 있는지, 새로운 가치를 창출해나가고 있는지, 회사 문화는 어떠한지, 어떤 역량을 갖춘 사람들이 그 조직 안에서 일하고 있는지 등을 꼼꼼히 따져보자. 알고 회사에 입사하는 것과 모르고 입사하는 것은 천지차이다. 직무, 회사, 산업에 대해 자세히 알아보는 시간은 결국 자신의 미래를 위한 투자이다.

외국계 회사에 대한
궁금증을 풀어보자

자신이 무슨 일을 하고 싶은지를 정했다면 그 직군에서 일하는 사람들의 삶이 어떠한지를 알아보자. 가장 빠른 방법 중 하나는 현재 일하고 있는 선배나 동기들의 이야기를 직접 들어보는 방법이다.

필자의 경우, 외국계 회사에 대한 질문을 많이 받는다. 외국계 회사는 수와 공개되는 정보들이 국내 회사에 비해 상대적으로 적고, 그만큼 선배들을 만나기도 어려워 주변에서 필요한 만큼의 정보를 얻기 힘들기 때문이다. 외국계 취업을 꿈꾸는 지원자들이 궁금해하던 주요 질문 위주로 내용을 정리했다. 필자가 실제로 일을 하면서 겪은 이야기와 현직에 종사하고 있는 선배들의 사례를 통해 외국계 회사의 궁금증을 해결해보자.

외국계 회사가 국내 회사보다
더 좋지 않나요?

　국내 대기업과 증권사, 외국계 증권사를 모두 경험한 필자는 외국계 회사와 국내 회사 중 어디가 더 좋다고 함부로 말할 수 없다는 결론을 내렸습니다. 지원자의 성향과 회사에서 하게 되는 일(직무), 함께 일하는 사람들, 회사의 문화 등 전체적인 모습을 종합해 판단해야 하기 때문입니다.

　외국계 회사가 더 합리적이고 이성적어서, 복지혜택이 잘 되어 있어서, 퇴근을 제시간에 할 수 있어서 등의 이유를 들어 외국계 회사가 무조건 좋다고 생각하는 분들이 더러 있습니다. 이는 전체를 보지 못하고 부분만 보는 시각입니다.

　상대적으로 외국계 회사는 성과 중심, 국내 회사는 관계 중심으로 일합니다. 물론 외국계 회사에서도 동료들 간의 관계는 중요하지만 그 사람이 얼마나 성과를 보여주는지가 더 중요합니다. 외국계 회사에서는 성과를 잘 내면 나이나 연차와는 상관없이 승진이 되는 경우도 많습니다. 또 갑작스러운 회식이나 주말 모임 등은 별로 없기 때문에, 이른바 '형님 네트워크'에 불리한 분들에게는 이런 개인주의적인 문화가 장점이 될 수 있습니다.

동시에 성과 중심 인사는 외국계 회사의 단점이기도 합니다. 합리적이긴 하지만 사실 성과라는 것이 일하는 사람에게서 100% 원인을 찾을 수는 있는 것은 아니니까요. 개인의 노력도 중요하지만 시장이나 경쟁 상황, 규제 등도 영향을 미칩니다. 어떻게 보면 운과 타이밍도 적지 않은 영향을 미치죠. 따라서 성과나 결과 중심일 경우 스트레스 지수가 더 높을 수밖에 없습니다. 성과에 대한 평가 역시 외국계 회사가 국내 회사에 비해 더 냉정한 면이 있습니다.

외국계 회사는 직급보다는 그 일을 하는 사람의 전문성과 역량을 더 중시합니다. 예를 들어 제 지인의 상사는 지인보다 무려 5살이나 어렸다고 합니다. 또 다른 팀장들에 비해 경력도 매우 짧았습니다. 나이와는 상관없이 영업 능력을 인정받아 한국지사의 책임자 중 한 명으로 발령받은 것입니다.

한 번은 회사에서 시스템 업그레이드를 한 적이 있었습니다. IT 담당자에게 업그레이드 중 요청사항이 있으면 누구에게 말해야 하냐고 물어봤더니 "토니에게 말하면 돼"라고 대답해줬어요. 알고 보니 토니라는 직원은 디렉터Director로, 한국 회사로 치자면 '전무'급에 해당했습니다.

일반적으로 한국 회사의 직급은 '사원-대리-과장-차장-부장-이사-상무-전무-부사장-사장-(회장)' 순인데, 부장이 이사나 상무를 건너뛰고 바로 전무에게 바로 이야기하는 경우는 거의 없습니다. 보통 자기 직급 바로 위의 상사에게 보고합니다.

이런 한국 회사를 다녔던 저는 IT 담당자에게 "정말 디렉터에게 바로 연락해도 되는지"를 다시 물을 수밖에 없었습니다. 그러자 그는 이렇게 답했습니다. "직급이 디렉터인 게 무슨 상관이야? 토니가 이 부분을 제일 잘 아니까, 그에게 바로 이야기하는 게 제일 빨라"라고요. 이처럼 외국계 회사는 직급이나 자리보다는 그 사람의 전문 분야를 더 중시하는 경향이 있습니다.

외국계 회사에서 일하면
해외에서 일할 수 있는
기회가 많은 편인가요?

　한 학생이 한 외국계 은행에 입사하고 싶다며 찾아왔던 적이 있었습니다. 그런데 그 지원자가 언급한 은행은 당시 매우 안 좋은 상황이었습니다. 필자는 "그 은행에 왜 입사하고 싶냐"고 물었습니다. 그 지원자의 대답은 "그 은행이 유럽계 은행여서요. 저는 독일에 너무 가고 싶거든요"였습니다. 지원하고자 하는 은행의 상황이 어떤지는 전혀 모른 채 이상적인 생각으로만 접근했던 것이었죠. 그런데 "외국계 회사에 가면 해외에서 일할 수 있나요?"라는 질문을 의외로 많이 받습니다. 예를 들어 화장품 회사 랑콤에서 일하고 싶은 이유가 프랑스나 싱가포르에서 일해보고 싶어서, 자동차 회사 BMW에서 일하고 싶은 이유가 언젠가는 독일에 가볼 기회가 오지 않을까 하는 이유로요.

　외국계 회사에서 일한다고 외국에 나가서 일할 기회가 많은 것은 '아닙니다.' 한국에 진출한 외국계 회사는 한국에서 돈을 벌기 위해 법인을 설립해 들어온 것인 만큼 주로 그 나라의 문화와 소비자를 잘 이해할 수 있는 사람들을 주로 채용합니다.

신입사원일 때는 교육이나 직무 훈련 등의 이유로 본사나 아시아 총괄 사무실(홍콩이나 싱가포르)을 경험해볼 수는 있습니다. 또 출장 갈 일은 상대적으로 많습니다. 그런데 해외 출장은 국내 회사에서 해외 영업이나 마케팅을 해도 마찬가지로 갈 일이 생깁니다. 대기업에서도 연수나 포럼, 대형 국제전시에 일정 직급 이상의 직원이 출장 가는 경우가 많습니다. 제조업의 경우에도 공장이 해외에 있다면 출장 갈 일은 의외로 많습니다. 즉, 외국계 회사에서 일한다고 해서 외국에서 일할 수 있는 기회가 더 많은 것은 아닙니다.

저 역시 홍콩이나 싱가포르에서 일하고 싶어 그 내용을 알아봤습니다. 세일즈나 마케팅 직무에는 '그 나라의 언어를 할 줄 아는가'와 '고객들을 얼마나 잘 알고, 이해할 수 있는가'가 매우 중요했습니다. 즉, 싱가포르에서는 영어뿐 아니라 북경어를 할 줄 알아야 했고 홍콩에서는 영어만큼 광둥어가 중요했습니다.

물론 직무에 따라, 또 자신이 얼마나 열심히 하느냐에 따라 외국에서 근무할 기회를 잡을 가능성은 높아집니다. 저와 함께 일했던 동료 중에는 지금 홍콩에서 일하고 있는 분들도 있습니다. 그분들의 공통점은 한국에서 일을 열심히 잘했고, 동료들로부터 좋은 평가를 받았던 사람들이라는 것입니다.

외국계 회사에 다니려면
영어를 잘해야 하나요?

결론부터 말하자면, 영어를 잘하는 것이 본인을 위해 좋습니다.

외국계 회사에서는 다른 나라 사람들과 일하는 경우가 일상다반 사입니다. 상사도 외국 사람인 경우가 많습니다. 필자가 일하던 당시, 상사들이 각각 싱가포르와 영국 사람이었습니다. 영어를 못하면 상사들에게 하는 일이나 성과, 어떤 일을 해야 하는 이유 등에 대해 소통하기가 어려우니 매우 답답합니다. 상사뿐 아니라 같이 일하는 동료들 역시 매우 다양한 국적을 가지고 있습니다. 미팅 진행이나 이메일 작성도 영어를 사용하는 경우가 대부분입니다.

회사에 따라 다르지만, 대부분의 경우 공식적인 문서에는 모두 영어를 씁니다. 또 외국에서는 이메일을 공문서처럼 쓰기 때문에 독해뿐 아니라 영작문 실력도 필수입니다. 영어를 모국어로 쓰지 않는 사람이 영어로 일할 때는 효율성이 아무래도 떨어질 수밖에 없습니다. 동료들과 의사소통이 제대로 안 되는데 어떻게 일을 잘할 수 있겠어요.

단, 이 부분은 회사에 따라 약간씩 차이가 있는 것 같습니다. 분명 영어 사용량이 많지 않은 곳들도 있습니다. 회사 분위기는 발품을 팔면서 알아보는 편이 가장 좋습니다.

또한 '영어를 잘한다'는 기준이 시험 점수가 높아야 한다는 게 아니라 적극적인 태도로 다른 사람들과 소통하려고 노력하는 데 있다는 걸 잊지 않아야 합니다. 사실 외국인 입장에서는 한국인들의 발음이 다 비슷비슷하게 들린다고 합니다. 그러니 내 발음이 어떻게 들릴까, 문법이 틀리지는 않았을까 머뭇거리는 대신 모르는 것이 있으면 동료들에게 많이 물어보고, 아이디어나 일의 진행 방향을 논의하고, 다른 사람들의 의견을 구해 적극 받아들이세요.

실제로 필자 역시 외국계 회사에서 일을 해보니 외국에서 살다온 분들도 있었지만 본인이 열심히 노력해서 높은 자리까지 올라온 분들이 더 많았습니다.

외국계 회사는
신입 공채를 잘 안 하는 것 같습니다.
그 이유가 궁금합니다.

상대적으로 외국계 회사의 채용은 우리나라 대기업처럼 대규모로 이루어지는 경우가 드뭅니다. 외국계 회사인데도 공채를 하는 경우는 P&G나 로레알Loreal, 시티그룹Citigroup 등 한국에서 비즈니스를 비교적 크게 하는 회사들입니다. 일단 외국계 회사는 국내 회사들에 비해 직원 수가 적습니다. 부서별 공석도, 그 일을 담당할 부서의 인원도 많지 않으니 국내 대기업들처럼 대대적인 공개 채용을 할 수 없습니다.

다음으로 '왜 외국계 회사들이 한국에서 비즈니스를 할까?'를 떠올려보면 그 이유를 알 수 있습니다. 외국계 회사들은 미국, 유럽, 일본 등에 본사를 두고, 한국에 돈을 벌기 위해 들어옵니다. 때문에 돈을 버는 것과 직접적으로 관계되는 영업직을 상대적으로 많이 뽑습니다. 이익을 내기에 최적화된 부서와 사람들 위주로 회사를 구성한다는 뜻입니다. 한편 정책 등은 대부분 본사에서 정해지기 때문에, 관리 부서 인력은 최소로 유지합니다. 물론 한국의 매출 비중이 높아 우리나라에서 결정할 수 있는 사항이 많은 경우에는 이야기가 좀 달라집니다.

또한 입사 후 가장 빨리 성과를 낼 수 있는 경력직에 대한 수요가 가장 많습니다. 다음으로는 인턴을 선호합니다. 정직원으로 채용하기 전에 직무 역량을 검증할 수 있기 때문입니다. 물론 인턴이 정직원으로 전환되지 않는 경우도 많습니다. 지원자 개인에 대한 평가도 있겠지만 인력 충원은 회사나 부서의 예산 등과도 관계가 있기 때문입니다. 이는 특히 본사와도 협의가 되어야 하는 사안이기 때문에 많은 변수가 작용할 수밖에 없습니다.

#질문5

한국에 진출한 외국계 회사들의
정보는 어디서 찾아볼 수 있나요?

　많은 지원자들이 외국계 회사들의 정보를 도대체 어디서 찾아봐야 하는지 자주 물어옵니다. 실제로 국내 대기업들에 비해 외국계 회사들의 정보는 찾기 어려운 경우가 많습니다. 우선 우리가 아는 외국계 회사 자체가 매우 제한적입니다. P&G, 로레알, BMW, HP, J.P.모간, 페이스북, DHL, 3M, 마이크로소프트, 지멘스Siemens, 이베이Ebay, 보쉬Bosch 등 취업 준비생들에게 아는 회사를 꼽아보라 하면 대략 10개 남짓을 말합니다. 그런데 한국에 진출한 외국계 회사는 2만여 개로 추산됩니다.

　한국에 진출한 외국계 회사들의 정보를 찾을 때 유용한 사이트는 4곳으로, 각각 포천Fortune, 포브스Forbes, 산업통상자원부, 전자공시시스템입니다. 포천은 매년 매출액을 기준으로 전 세계의 상위 '500대 기업'을 발표하는데, 이 500대 회사 중 상당수는 한국에 법인이나 지점 형태로 진출해 있습니다. 포브스는 매출, 자산, 순이익, 시가총액 등을 기준으로 '세계 2,000대 일류 기업'을 발표합니다. 이 기업들이 한국에 법인으로 진출해 있는지 여부는 산업통상자원부 홈페이지의 '외국인투자기업 정보'에서 확인해볼 수 있습니다. 마지막으로 전자공시시스템을 통해 회사의 매출 규모나 사업의 내용을 상세히 확인하면 됩니다.

관심 가는 회사를 발견했다면 그 회사의 한국 홈페이지와 원어로 된 공식 홈페이지, 페이스북 같은 온라인 채널을 꼼꼼히 살펴보세요. 특히 본사의 홈페이지를 열심히 보시길 추천합니다. 외국계 회사의 한국 홈페이지는 경우에 따라 내용이 부실한 경우도 있습니다. 아무래도 본사를 두고 있는 나라의 사이트에 정보도 더 많고, 구성도 더 잘되어 있는 경우가 많습니다.

외국계 회사들에 대한 정보를 찾아보자

· 포천 500대 기업(fortune.com/global500)

· 포브스 세계 2,000대 일류 기업(www.forbes.com/global2000/)

· 산업통상자원부 외국인투자기업 정보(www.motie.go.kr/motie/py/sa/companyGuide/companyguide.jsp)

· 전자공시시스템(dart.fss.or.kr)

외국계 회사에
신입사원으로 들어가려면
어떻게 해야 하나요?

일단 외국계 회사에서 사람을 채용하는 시스템을 알아야 할 것 같습니다. 외국계 회사에서는 보통 공석이 날 경우 1차로 사내공모 Job posting 를 합니다. 사내에 그 일을 하고 싶어 하는 직원이 있는지 찾아보는 방식입니다. 다음으로는 직원들에게 외부 사람 중 이 직무에 적합한 사람이 있는지 추천을 받습니다. 여기서도 적임자를 찾지 못했을 때 마지막으로 인터넷 사이트나 헤드헌터를 이용하게 됩니다.

일단 다양한 사람들과 네트워크를 쌓아야 합니다. 내가 관심 있는 산업이나 회사에서 일하는 선배들을 오프라인이나 온라인을 통해 꼭 만나보고, 그 선배들에게 여러분의 강점이나 하고 싶은 일을 이야기하세요. 의외의 순간에 기회가 찾아올 수 있습니다.

관련 직무 경험도 차곡차곡 쌓아나가야 합니다. 외국계 회사는 적은 인원을 뽑는 만큼 경쟁이 매우 치열합니다. 채용 자체를 그 인력이 필요한 현업 부서에서 직접 진행하는 경우도 많습니다. 인사 부서는 이러한 과정을 지원하고 조율하는 과정을 맡습니다. 그래서 외국계 회사는 면접 단계가 훨씬 깁니다. 구글은 10번도 넘게 인터뷰를 본다고 하죠? 최근에 외국계 은행에 입사한 한 지원자는 면접만 7번을 보았다고 합니다. 일하게 될 팀원들부터 부서장, 본사 책임자, 한국 책임자까지 면접을 진행하면서 지원자를 검증하고, 회사 문화나 팀원들 간의 적합성을 여러 번 확인합니다.

외국계 회사에 입사하기 위해서는 먼저 자신이 그 회사에서 일하기에 적합한 사람인지, 스스로를 돌아볼 필요가 있습니다. 그들의 문화와 맞는지, 성과 중심 문화나 스트레스 관리에 능숙한지 확인 해야 합니다. 그 다음으로는 하고 싶은 일과 관련된 경험을 통해 자신의 능력을 정확하고 구체적으로 피력하는 연습이 필요합니다. 외국계 회사는 그 일을 가장 잘할 사람, 회사와 가장 잘 맞는 사람을 뽑기 때문에 일단 서류에 직무 경험을 잘 드러내는 것이 매우 중요합니다. 내가 경험한 일과 잘하는 일, 지금까지의 성과 등을 짧고 간결하게 보여줘야 합니다. 자기소개서 형식의 커버레터에서는 나의 경험들이 어떻게 지원하는 직무와 연결될 수 있는지, 왜 내가 이 회사에서 일하고 싶은지 서술해야 합니다.

4장

취업 저격 3단계:

읽고 싶은
서류를 작성하라

'묻히는' 자기소개서가 되지 않으려면?

이른 봄, 라디오에서 재미있는 사연이 흘러나왔다. 어제부터 계속 라디오 프로그램들에 사연을 보내고 있는데, 단 한 곳도 읽어주지 않았다는 것. 드디어 전화 연결이 된 시청자는 아들에게 졸업 축하 메시지를 전했다. 이 사연을 접한 DJ는 과연 뭐라고 말했을까?

"지금이 졸업 입학 시즌이라 비슷비슷한 사연이 너무 많아서 눈에 띄는 사연 아니면 읽어드리기 힘들었을 거예요. 졸업하기까지 아드님만의 특별한 사연은 없을까요?"
"음…. 특별히 없는데요."
"제가 라디오 사연이 잘 소개되는 비법을 하나 알려드릴게요! 남들이 안 하는 이야기를 하셔야 돼요! 아셨죠?"

봄과 겨울에는 졸업 축하 인사가 쉽게 묻혀 버린단다. 여러분들의 서류는 이 봄날의 사연과 무슨 차이가 있을까?

이력서,
쓰는 방법부터 틀렸다!

서류 합격과 탈락은 30초 만에 결정된다

지원자들의 이력서가 인사담당자의 손에 들려 있는 시간은 단 30초, 좀 길면 1분이다. 여기서 인사담당자의 눈길을 끌었다면 자기소개서로 넘어간다. 30초 동안 자신의 강점을 드러내고, 인사담당자가 자신을 만나고 싶도록 만들어야 하는 셈이다. 회사의 인사담당자나 부서의 채용담당자는 서류를 꼼꼼히 읽지 않는다. 정확하게는 그 많은 서류들을 처음부터 끝까지 읽을 시간이 없다. 그렇다면 그들이 말하는 '눈에 띄는 내용'이라는 것은 무엇일까?

30초짜리 영화 예고편을 생각해보자. 우리는 그 짧은 시간만에 주연배우나 영화 내용을 빠르게 살펴보고 영화를 볼지 말지 정한다. 즉, 시간과 돈을 투자할 것인지 결정한다. 물론 영화감독이나 시나리오 작가, 평론가나 기자, 관람객들의 평도 참조하기는 한다. 그러나 이러한 정보들은 일단 그 영화를 보고 싶다는 마음이 생겼을 때 찾아보는 내용이다. 그래서 예고편에는 가장 흥미로운 내용을 아주 빠르고 함축적으로 담아낸다.

이력서와 자기소개서 역시 읽는 사람이 더 보고 싶게끔 써야 한다. 앞에서 말했듯 회사는 철저한 분석을 바탕으로, 자신의 강점이 회사와 직무에 어떻게 연관되어 있는지를 분명히 이야기할 줄 아는 사람을 선호한다. 결과적으로 뽑아야 할 이유가 분명한 지원자를 찾고 있는 것이다.

게다가 인사담당자들은 이제 능력만으로 지원자를 판단하지 않는다. 스펙이 좋은 지원자가 너무 많기 때문이다. 인사담당자들에게 어떤 이력서가 눈에 들어왔는지 물었더니 다음과 같은 답변이 돌아왔다.

"저희 회사에 대해 고민해 신선한 내용을 쓴 지원자를 뽑습니다. 자신의 경험에서 특기를 뽑아내고 이를 저희 회사에서 어떻게 활용할 수 있을지 제시하는 지원자에게 신뢰감이 듭니다."

"요즘에는 솔직히 능력이나 경험이 충분한 지원자들이 많습니다. 그런데 서류가 다 똑같아요. 그래서 저희는 자기만의 재미있는 경험담을 쓴 지원자들을 일부러 뽑습니다. 다른 사람은 절대 할 수 없을 만큼 어려운 경험을 한 사람을 원하는 것은 아닙니다. 평범한 경험이라도 어떤 생각으로 동아리 활동을 했는지, 작은 역할이더라도 한 단체에서 리더십을 어떻게 발휘했는지 등을 분명히 표현한 사람들이 눈에 들어옵니다."

앞에서 자신이 진짜 하고 싶은 일을 찾아 그와 관련된 경험들을 직접 해보라는 조언과 기업을 제대로 분석하는 7가지 방법을 제시한 이유가 그것이다. 스스로에 대한 분석과 가고 싶은 회사에 대한 분석이 확실히 되면, 사실 서류 작성은 매우 쉽다.

회사의 입장을 먼저 생각해보자

취업하기 위해서는 회사를 '갑'으로 생각해야 한다. 회사에 모든 것을 맞춰 무조건 열심히 일하겠다는 태도를 가지라는 것이 아니라 회사의 입장을 생각해야 한다는 뜻이다. '회사에서 지원자들의 서류를 보긴 하는 걸까?'라는 질문을 바꾸어 생각해보자.

"회사에서는 얼마나 많은 이력서를 볼까?"
"인사담당자들은 내 서류의 어떤 부분에 가장 주목할까?"
"내가 지금 지원하는 이 회사의 CEO라면, 이 서류를 본 다음 나를 만나보고 싶어 할까?"

자신을 효과적으로 강조하기 위해서는 상대방의 관점에서 서류를 작성해야 한다. 그들이 관심을 보이는 순서대로, 그들이 중요하게 생각하는 정보의 순서대로, 또 그들이 이해하기 쉬운 순서대로 내용을 배치하면 승률이 훨씬 더 올라간다. 이유는 간단하다. 서류를 보는 그들도 우리와 똑같은 눈을 가졌기 때문이다. 우리가 흥미로운 영화 예고편에 끌리는 것처럼 서류를 보는 이들도 재미있는 이력서에 끌린다. 수만 장, 수십만 장의 서류를 보는 인사담당자들에게 자신의 이야기가 얼마나 새로울지 생각해보자.

인사담당자들의 눈길을 사로잡는 방법은 무엇일까
· 나의 시각으로만 말하지 않기
· 상대방의 관심 순서대로 말하기
· 상대방이 이해하기 쉬운 순서대로 구성하기
· 상대방과 관계 맺기

　예를 들어 인사담당자들은 지원자가 대학(원)에서 어떤 과목들을 수강했는지 크게 궁금해하지 않는다. 대부분 학교에서 어떤 공부를 하는지 잘 알고 있고, 또 공부했던 내용을 회사 일에 그대로 적용시킬 수 없다는 사실도 알기 때문이다. 그런데도 지원자들은 대학교에서 무슨 과목을 들었는지, 그 과목에서 좋은 성적을 받기가 얼마나 어려웠는지를 이력서에 구구절절 쓴다. 심지어 자신이 수강한 과목명으로만 이력서 1장을 다 채우기도 한다. 상대방 입장에서 생각해보지 않은 결과다.

이력서와 자기소개서를 쓸 때는 상대방이 궁금해하는 것이 무엇일지 먼저 생각해야 한다는 사실을 반드시 기억하자. 취업의 모든 과정은 내가 하고 싶은 말만 하는 일방통행이 아니라 상대방과 소통하는 쌍방통행이 되어야만 한다.

그렇다면 나만의 이야기를 찾아, 보기 좋은 이력서와 자기소개서를 쓰는 방법은 무엇일까. 지금부터는 그 내용을 ABCDE 원칙에 맞춰 소개하려 한다.

1장에서 살펴봤듯, 읽고 싶은 서류를 쓰기 위한 ABCDE 원칙의 첫 번째는 부풀리지 않고 정확하게 정확하게 써야 하는 이유를 아는 것이다. 다음은 자신의 경험을 회사 또는 직무와 구체적으로 엮어 의미를 발견하는 작업이다. 마지막으로 그 내용을 간결하고 읽기 쉽게 정리하는 과정으로 진행된다.

 회사에서는 접수된 이력서와 자기소개서를 전부 다 읽나요?

 아니요, 맨 처음에는 서류를 눈으로 먼저 쭉 훑어봅니다. 스캔하는 데 걸리는 시간은 단 30초입니다. 그때 눈에 띄는 내용이 없으면 그대로 끝납니다.

'자소설'은
반드시 들통난다

어느 가을날, 모의 면접에서 유난히 긴장한 모습의 지원자를 만났다. 잔뜩 긴장해 얼어붙어 있는 태도는 자기소개서에서 묘사한 모습과 전혀 달랐다. 자기소개서에 의하면 그는 15가지 이상의 아르바이트와 7가지 이상의 인턴 경험이 있었고, 심지어 10만 원으로 고시원에서 한 달 버티기도 해봤다고 했다. 무슨 일에든 도전적이고 의연할 것 같았는데, 실제로는 전혀 그렇지 않은 모습에 의아해 질문했다.

"자기소개서 속 이미지와 지금 모습이 전혀 달라 보입니다. 평소에 긴장을 많이 하는 편인가요? 지금은 실제 면접도 아닌데 왜 그렇게 긴장했어요?"

머뭇거리던 그는 결국 사실을 고백했다.

"자기소개서의 내용은 사실 다 거짓말입니다. 아르바이트도 한번 정도 해봤습니다. 남들보다 튀어야 한다는 생각에 나머지는 전부 지어낸 이야기입니다. 솔직히 지금 그 내용을 물어볼까 봐 계속 신경이 쓰였어요."

취업 정보 사이트 '잡코리아'의 조사에 따르면 이 지원자뿐 아니라, 취업 준비생의 83%가 자기소개서에 거짓 내용을 쓴 적이 있다고 밝혔다. 취업 준비생 사이에서는 일명 '자소설'을 쓴다고 불린다. 경험을 부풀리는 경우는 다반사고, 자기소개서 예시문에서 문장만 몇 개 바꿔 자기 것처럼 만드는 경우도 많다. 심지어 돈을 주고 대필 업체를 이용하는 사람도 있다.

물론 남들보다 더 돋보이고 싶은 마음은 이해한다. 그러나 거짓말을 하면 그 부메랑은 결국 자신에게 다시 돌아온다. 면접관들은 적어도 회사에 다닌 지 10년 이상 된 베테랑들이다. 그들은 취업 준비생 수준에서 할 수 있는 동아리 경험, 인턴이나 아르바이트를 통해 수행할 수 있는 일이 어느 정도인지 대강 알고 있다.

실제로 인사담당자의 이야기를 들어보면 매년 유행하는 이력서 스타일이 바뀐다고 한다. 몇 년 전까지는 국토대장정 완주나 동아리 회장 경험이 유행이었고 최근에는 음악 밴드 경험에 대해 쓰는 지원자가 많아졌다고 한다. 그래서 한 번 의심이 들면, 면접관들은 사실 여부를 확인할 수 있을 때까지 점점 더 치밀하게 질문하고, 또 질문한다.

마라톤을 완주했다고 쓴 지원자에게는 여지없이 이런 질문이 날아든다.

"마라톤이 취미라고 되어 있네요? 완주 경험도 있으시고요."

"4시간 정도의 기록을 갖고 있습니다."

"최근 완주 때 어떤 구간이 제일 힘들었나요?"

"오르막길이 제일 힘들었습니다."

"어느 오르막길이요? 너무 모호한데요. 어느 구간쯤이었나요?"

경험이 사실이라면 정확히는 아니더라도 "20킬로미터쯤 달렸을 때 오르막구간이 나와 고비가 왔습니다", "홍대입구역을 지나서였습니다" 등 당시를 떠올리며 대답할 수 있다.

그러나 자신의 끈기를 보여주고 싶은 마음에 지어낸 내용이라면 말을 얼버무릴 수밖에 없다.

"사실 기억이 나지 않습니다. 너무 힘들어서 그랬는지…."

면접관은 아마 이해가 가지 않는다는 듯 되물을 것이다.

"마라톤을 완주하려면 미리 코스를 공부해 숙지하고 들어가지 않나요? 처음부터 끝까지 코스 묘사를 한 번 해보시죠. 이래서 회사 일은 꼼꼼하게 준비할 수 있겠어요?"

면접관으로부터 부정적인 반응을 받게 되면, 당황스러워 다른 내용도 제대로 말할 수 없게 된다. 사실 경험을 꾸며내는 이유는 자신의 진짜 강점을 강조하기 위해서다. 이런 내용 때문에 자신의 가장 큰 역량이 가려진다면 얼마나 아쉬울까? 작은 거짓말이 오히려

독이 되는 경우가 의외로 많다.

이력서와 자기소개서는 정확하게 써라. 작은 일을 대단한 일로 부풀려도 안 되고, 하지 않은 일을 했다고 거짓말해도 안 된다. 운이 좋아 면접에서는 그냥 넘어갔다 하더라도, 일하다 보면 금방 들통 날 거짓말이다. 입사 그 자체보다 입사 후 어떻게 경력을 쌓을지가 인생에 더 중요하다는 사실을 기억하자.

경험을 직무에 잇고, 의미를 발견하라

1:1 상담에서 지원자들이 가장 많이 하는 질문은 그동안 자신이 해온 경험들이 지원하려는 회사나 직무와 적합한지, 적합하지 않다면 무엇을 더 해야 하는지이다. 두 번째는 지금까지의 경험들을 이야기로 어떻게 풀어내야 하는지이다. 그들은 이렇게 묻는다.

"마케팅 분야에서 일하고 싶은데, 제 경험들은 마케팅과 별로 상관이 없는 것 같아요. 관련 분야에서 인턴을 해봐야 할까요?"

"지금부터 새로운 경험을 쌓기 위해 어떤 일을 더 해야 할지 찾기보다는 지금까지의 경험에서 연결고리를 찾아 직무와 잘 잇는 것이 중요합니다. 아무리 훌륭하고 다양한 경험을 했더라도 단순하게 나열할 뿐이라면 아무 소용없습니다. 산업에 대한 이해도를 경험에 녹여내야 합니다. 실제로 대학생 때 아르바이트로 호떡 장사를 했다거나 단체미팅 사업을 운영한 경험을 마케팅 직무와 연결해 좋은 평가를 받은 사례도 있습니다. 지원하는 산업과 아무 상관없어 보이는 경험이더라도 어떤 식으로 연관 지을까를 깊이 생각해야 합니다."

사실 서류에 '창의적으로 나만의 이야기를 써야 한다'는 말이 그리 새롭지는 않다. 문제는 아무리 생각해봐도 스스로에게 그런 이야깃거리가 없다는 데 있다. 대부분의 학생들은 자신의 삶이 너무 평범해 이력서에 쓸 만큼 특별한 경험이 없다고 말한다. 그런 경험이 없이도 취업하는 방법은 없냐고 반문하기도 한다.

그러나 창의적인 콘텐츠를 만드는 방법은 생각보다 간단하다. 그동안 우리가 해온 경험들을 찾아내 이어붙이고, 새로운 의미를 부여하면 된다.

경험을 하나하나의 점이라고 했을 때, 그 점을 직무에 연관시키는 과정에서 차별화된 콘텐츠가 탄생한다. 우리 대부분은 이미 훌륭한 경험을 가지고 있고, 사회에 나갈 준비가 되어 있다. 그 경험을 인사담당자들에게 어떻게 표현하느냐가 마지막 과제이다.

아무리 평범한 경험이라 하더라도 그 일을 하게 된 계기나 과정, 경험을 통해 배운 점 등은 각기 다르다. 우리를 채용하는 사람들은 바로 이 부분을 궁금해한다. 지원자가 회사와 함께 일하기 적합한 인재상인지, 직무와 관련된 경험이나 지식들을 갖고 있는지 등도 바로 여기서 확인할 수 있다.

이력서와 자기소개서는 회사에게 보내는 편지도 아니고, 그간

인사담당자가 '잘 썼다'고 느끼는 서류

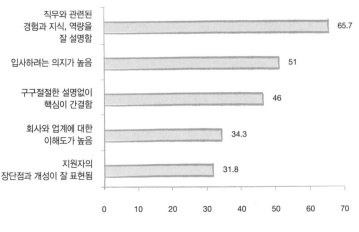

단위: %(중복 응답 가능)

자료: 잡코리아

살아온 삶을 시간 순으로 나열하는 수필도 아니다. 회사에게 '내가 바로 당신들에게 필요한 인재'라고 논리적으로 설득하고 증명하는 설득문이다.

실제로 잡코리아에서 2016년 상반기 신입직 채용을 진행한 기업의 인사담당자 198명에게 '잘 썼다'고 느낀 서류는 어떤 종류였는지 조사했다. 1위는 직무 관련 경험, 지식, 역량 등을 충분히 설명한 서류가 차지했다. 이외에도 입사하려는 의지가 높고 명확한 서류, 핵심만 간결하게 요약해 표현한 서류 등을 잘 썼다고 느낀다고 꼽았다. 당장은 귀찮고 번거롭더라도 나의 경험과 직무를 연결해 이야기를 만들어야 하는 이유다.

　다시 한 번 강조하지만 모두는 자신만의 특별한 이야기를 갖고 있다. 대부분의 사람들이 사소하고 평범한 일상을 살고 있는 만큼, 인생이 특별하지 않다는 고민은 자신만의 것이 아니니 너무 걱정하지 말자. 지원자들은 각자 열심히 일상을 살고 있기에 이미 이력서나 자기소개서에 쓸 만한, 그리고 인사담당자들의 눈길을 끌 수 있는 다양한 소재들을 가지고 있다. 그 내용을 잘 정리해 활용하면, 서류에 쓸 말은 많아진다. 그렇다면 우리의 경험들을 어떻게 하면 잘 정리하고, 특별한 의미를 이끌어낼 수 있을까?

어떤 경험이든
직무에 연결시킬 수 있다

개인의 경험을 어떻게 지원하는 직무에 연결시킬 수 있을지 구체적으로 생각해보자. 다음은 서류에 쓸 만큼 특별한 경험이 없어서 고민이라며 찾아왔던 이들의 사례이다. 그들이 자신의 경험을 어떻게 찾아내 직무와 연결하고, 서류 내용으로 발전시켰는지 확인해보자.

음대 출신 지휘자
대기업 인사직에 지원하다!

조금 특이한 전공의 학생이 1:1 상담을 받고 싶다며 찾아왔다. 바로 음대에서 바이올린을 전공하고, 오케스트라의 지휘자 경험도 있는 친구였다. 취업 준비는 전공 불문이라지만, 음대생이 일반 기업에 취업하는 것은 드문 일이다.

"바이올린을 오래 배웠는데, 일반 기업에 취업하려는 특별한 이유가 있을 것 같습니다. 왜 취업을 생각하게 됐어요?"

"사실 작년 여름에 교통사고를 당해서 어깨를 많이 다쳤습니다. 그 상태로 계속 연습을 하다가 결국 어깨를 못 쓰게 됐습니다."

그는 담담하게 자기 이야기를 풀어놓으며 그동안 연주 공부만 해온 탓에 일반적인 회사에서 어떤 일들을 하는지에 대해 잘 모른다고 했다. 다른 전공 학생들에 비해 관련 지식이나 경험이 부족해서, 취업 준비를 어떻게 시작할지조차 감이 안 잡힌다며 걱정하고 있었다.

신입사원으로 입사하면 누구나 일을 새로 배워야 한다. 경력직도 어느 정도는 새로 습득해야 하는 게 생긴다. 경영학과 등 연관 있는 전공을 공부했다면 분명 이해도는 빠르겠지만 이것이 회사에서 일을 잘할 수 있는 필수 조건은 아니다. 객관적인 지식이나 연관 경험들이 상대적으로 부족하다면, 이 부분은 채워나가면 된다. 지금은 우리가 이미 가진 강점과 경험을 직무에 연결시키는 것이 더 중요하다. 그와 이야기를 나누다 보니 그만의 특별한 강점이 하나 보였다. 음대에서 오케스트라 지휘자를 해본 경험이었다.

"음대에서 리더십을 갖고 오케스트라 지휘를 한 경험을 이력서와 자기소개서에 쓰세요. 다른 친구들은 절대 하지 못하는 강력한 이야기가 될 수 있습니다. 지휘란 악기들이 어떤 소리를 내는지 알고, 서로 잘 어우러지도록 돕는 일 아닌가요?"

"네, 맞아요."

"인사팀이 바로 그런 일을 합니다. 회사의 구성원들에게 어떤 특성이 있는지 살펴보고, 각각의 직원들이 어떤 일을 해야 업무 역량을 가장 잘 발휘할 수 있을까 고민해 교육하고 배치하는 역할이거든요. 지휘자로서의 고민들과 연결될 거예요. 그러니 그동안 지휘자로서 했던 고민들, 경험하면서 얻은 가치들을 어떻게 하면 일반 회사에 적용할 수 있을지를 생각해보고 서류에 표현하세요."

이처럼 지금까지 해온 경험 중 지원하는 직무와 연관되는 부분을 찾고, 이 경험이 회사에 왜 유용한지를 설명해야 한다. 분명 오케스트라 지휘 경험을 인사 직무와 바로 연결시키기는 어렵다. 그러나 곰곰이 생각해보면 분명 답은 나온다. 이 친구와 같이 '다른 전공'에서 오는 특별한 경험은 오히려 눈에 띌 수 있다.

〈상담 후 자기소개서〉

지원동기

"각기 다른 소리를 어우러지게 하는 지휘자처럼, 개성 넘치는 직원들 간의 조화를 만들어 가겠습니다."

오케스트라 악장으로 활동했던 경험은 회사의 인사팀이 하는 일과도 일맥상통한다고 생각해, 직원들의 조화를 어느 곳보다 중시하는 이 회사에 지원합니다. 저는 오케스트라의 악장으로 대학 생활 4년간 활동했습니다. 오케스트라 악장은 각 악기들이 내는 소리에 귀 기울여 그들이 최상의 하모니를 낼 수 있도록 지휘하는 역할을 합니다. 각 악기의 특징을 잘 알아야 그들이 어우러졌을 때 조화로운 소리를 내는지 알 수 있습니다. 또한 정해진 규칙이라 할 수 있는 악보에 따라 소리를 조화시키는 것도 중요합니다. 회사 구성원들이 가진 특성을 잘 파악하고, 그들의 소리를 잘 듣고, 개개인이 가진 특성이 조화를 이룰 수 있도록 직원들을 지원하겠습니다. 저는 조직관리를 전공하진 않았지만, 저의 경험은 인사 업무를 하는 데 그 어떤 경험보다 값지게 활용될 수 있을 것이라 자부합니다.

해외에서 시계를 수입해서 판 청년 기획팀에 지원하다!

　서글서글한 인상에 비해 예상외로 낯을 많이 가리던 대학원생을 만났다. 이력서를 살펴보니, 내용이 너무 무난해서 눈에 들어오는 부분이 하나도 없을 정도였다. 이대로 냈다가는 100% 서류 탈락이라는 생각이 들었다. 아니나 다를까. 그는 실제로 많은 기업에 서류를 넣었지만 면접까지 보게 된 경우는 겨우 1~2번이었다며, 자신감이 바닥까지 떨어져 있는 상태라고 고백했다.

　"지금 가져온 서류는 잠시 잊겠습니다. 지금껏 한 경험들 중에 '나 이런 것도 해봤어요' 할 만한 것이 있을까요?"

　"제가 시계를 좋아해서, 20대 초반 남자들이 좋아할 만한 시계를 수입해서 팔아본 적이 있습니다. 이 과정에서 다양한 사람과 업체를 만나다 보니 인맥이 생기더라고요. 주로 페이스북을 통해서 홍보하고 판매했습니다."

말이 사업이지, 대학생 신분으로 물건을 팔고 이익을 남긴다는 것은 쉽지 않다. 유통에서부터 마케팅까지 신경 써야 할 일이 넘쳐난다. 사업을 시작해서 이익을 남기기까지의 과정은 겪어본 사람만이 그 어려움과 뿌듯함을 안다. 또 사업 기획에서부터 구매, 물류 작업, 영업, 마케팅, 고객 응대에 이르기까지 물건을 팔면서 배울 수 있는 경험이 정말 많다.

그는 1년 정도 수입시계 판매 사업을 했고, 번 돈으로 배낭여행도 다녀왔단다. 그가 들려주는 이야기는 정말 흥미로웠다. 문제는 이런 내용이 이력서나 자기소개서에 전혀 들어가 있지 않았다는 사실이다. 그 이유를 묻자 나온 대답은 생각보다 더 단순했다.

"회사에서 사업해본 사람은 오래 다니지 않을 것 같다며 싫어하리라고 생각했어요. 어떻게 설명할지도 좀 막막하고요. 무엇보다 인터넷으로 찾아보니 이런 내용을 쓴 학생은 없었습니다."

그의 말대로 인터넷에 올라온 자기소개서 예시 중에 사업 관련 이야기는 그리 많지 않다. 하지만 숨기고 싶어서 일부러 안 쓰는 것이 아니라 없어서 못 쓰는 것뿐이다.

"대부분의 회사들은 사정이 어렵습니다. 어떻게 하면 돈이 될까, 새로운 판로는 없을까 찾느라 혈안이죠. 지원자분의 경험은 새로운 사업을 펼치고 싶은 회사들에게 충분히 매력적입니다. 팔릴 만한 상품을 찾고, 고객층을 분석하고, 판로도 개척해보면서 사업 하나를 처음부터 끝까지 책임지고 운영했잖아요. 이는 매우 매력적입니다. 그 내용을 이력서와 자기소개서에 쓰세요. 어떤 시장을 분석해서, 어떻게 상품을 팔았는지, 그 과정에서의 교훈은 무엇인지, 결과적으로 매출과 이익은 얼마나 났는지 그 돈으로 무엇을 했는지 등을 순서대로 정리해보세요. 이런 내용이 들어가면 회사에서 사업기획을 하고 싶다는 지원동기에 근거가 생기는 셈입니다."

너무나 평범해서 기억에 남는 게 하나도 없었던 서류의 주인공 역시 자기만의 이야기를 갖고 있었다. 이처럼 우리 모두는 나만의 이야기를 갖고 있다. 그러니 남들의 이야기는 그만 찾아보고, 자신만의 강점을 찾고 직무와 연결하라.

〈상담 후 자기소개서〉

성취 경험

"A부터 Z까지 홀로 해본 시계 사업, 험난한 여정을 통한 깨달음."

저는 시계를 판매해 1,000만원의 이익을 남겼고, 1달여간 배낭여행을 다녀왔습니다. 처음 이 일을 기획하게 된 것은 시계를 좋아한다는 단순한 이유였습니다. 저는 20~30대들이 좋아하는 브랜드의 시계를 홍콩이나 미국에서 수입해, 페이스북과 네이버 블로그, 유튜브 등에 적극적으로 마케팅하고, 판매 채널을 구축하는 등 모든 과정을 도맡아했습니다. 대학교 때 교환학생을 하면서 만든 네트워크를 활용해 한국에서보다 싼 값에 시계를 구매했고, 통관이나 세금 문제는 물론 마케팅과 세일즈, 고객들의 반응 체크까지의 일련의 과정을 진행했습니다. 이를 통해 상품을 런칭하고 판매할 때 필요한 과정들에 대해 몸소 체험할 수 있었습니다.

댄스 동아리 회장
엔터테인먼트 회사의
마케팅팀에 지원하다!

　한 엔터테인먼트 회사에 지원할 예정이라며 이미 잘 쓴 서류를 들고 온 친구가 있었다. 학점도 좋고, 경험도 다양한 편이라 그의 이력서는 특별히 흠 잡을 데가 없지만, 완벽하다고 하기엔 뭔가 아쉬웠다. 그 친구의 이력서를 잘 살펴보니 필자의 시선을 확 잡아 끄는 부분이 있었다. 바로 '대학 연합 댄스 동아리 회장'이라는 한 문장이었다. 더 이상 설명이 없으니 그가 구체적으로 어떤 활동을 했는지 궁금해졌다. 특히 엔터테인먼트 회사에 지원하는 만큼, 자신만의 역량을 강조할 수 있는 부분이었다.

　"댄스 동아리에서 회장이었네요? 어떤 활동을 했는지 이야기해 줄 수 있을까요?"

　"직접 안무도 기획하고, 동아리 부원들에게 제가 짠 안무를 가르쳐주기도 했습니다. 1년 동안 연습해서 연말에 무대에 올린 적도 있습니다. 페이스북이나 블로그에 공연 날짜나 이벤트 내용을 올려서 홍보도 하고, 직접 포스터도 만들어서 각 대학가 게시판에 붙였습니다. 그 결과, 공연 날에는 500명 정도 방문해주었습니다. 이 공연 영상을 유튜브에 편집해서 올렸는데, 조회 수도 2,000건이 넘게 나왔습니다."

"지금 말한 내용들이 면접에 가서 이야기하기 딱 좋은 소재인데요? 이력서에도 '댄스 동아리 회장'이라고 한 줄만 적어놓지 말고, 지금 말한 내용을 정리해서 쓰시면 좋을 듯합니다. 예를 들어 연간 1회 공연, 유료 관객 500명 동원, 페이스북 등 온라인 채널을 활용한 마케팅 실행 등으로 나눠서 구체적으로 작성해보세요. 지금 지원하는 회사가 엔터테인먼트 회사인 만큼 지원자에게는 본인이 직접 공연을 기획하고 실행하고 운영까지 해본 경험은 큰 장점이 됩니다. 그 경험을 잘 이어서 이야기하세요."

동아리 회장은 너무나 많다. 그냥 '댄스 동아리 회장'이라고만 쓰면 보는 사람의 시선을 잡아챌 수 없다. 성공 확률을 올리려면 동아리 회장으로서 어떤 역할을 했는지, 무엇을 알게 되었는지, 어떤 성과를 냈는지를 자세히 기술해주어야 한다.

〈상담 전 이력서〉

특기사항

대학 연합 댄스 동아리 회장

〈상담 후 이력서〉

특기사항

대학 연합 댄스 동아리 회장

· 매년 1회 공연

· 유료 관객 500명 동원

· 페이스북 등 온라인 채널을 활용한 마케팅

· 영상 편집 및 업로드(조회 수 2,000건 달성)

해외 화장품 회사에서 인턴만 1년
온라인 마케팅 직무에 지원하다!

외국계 화장품 회사에서 6개월 동안 인턴을 했고, 학점도 괜찮다. 홍보 영상을 만드는 재주도 뛰어난 편이다. 영문 이력서도 흠잡을 데 없이 잘 썼다. 이렇게 스펙이 좋은 지원자가 서류 전형에서 번번이 떨어진다며 한 달 간격으로 2번이나 찾아왔다. 도대체 그는 왜 떨어지는 걸까?

그 학생의 자기소개서를 읽어보니 뜻밖에도 합격하지 못하는 이유가 단번에 보였다. 지원동기에 자신의 이야기는 하나도 들어가 있지 않았기 때문이다.

"이렇게 다양한 경험을 했으면서 자기소개서에는 왜 하나도 안 썼어요? 지금 쓴 내용은 회사의 담당자들이라면 이미 알고 있는 내용입니다. 나만의 경험들을 보여주면서, 그 경험에서 얻은 교훈을 회사에 어떻게 적용하고 싶은지 알려줘야 합니다. 그게 그들이 궁금해하는 부분이거든요."

자기소개서에서 가장 중요한 부분은 '지원동기'이다. '너 왜 우리 회사 지원했니?'를 묻는 지원동기는 특히 제대로, 그리고 정확하게 답해야 한다. 회사 홈페이지 속 회사 소개나 CEO의 인사말, 혹은 인터넷에 떠도는 남의 이야기나 두루뭉술하게 앞으로 잘하겠다는 내용을 담으면 절대 안 된다.

지원동기는 이 회사에서 자신이 하고 싶은 일, 그 일을 하고 싶은 이유, 지금까지 준비해온 경험(근거)의 흐름으로 전개해야 한다. 그런데 이 친구의 자기소개서에는 자신만의 이야기 대신 시장조사한 내용들만 가득했다. 그는 온라인 마케팅 회사에 지원하며 인터넷 보급률이 세계 최고 수준인 한국에서 현재 온라인 마케팅을 하는 회사들이 되는지, 온라인 마케팅에 대한 기대효과는 어떠한지 등을 나열하고 '이런 온라인 환경에서 최선을 다해 마케팅하겠다'고 글을 마무리했다.

서류를 통해 전해야 하는 내용은 우리 자신의 이야기다. 그 회사에 다니고 있는 사람들이 다 알고 있는 이야기는 굳이 자세하게 쓸 필요 없다. 시장 현황에 대해 쓰더라도 현재의 현황과 관련된 본인의 생각이나 구체적인 해결방안이 따라 나와야 한다. 기업들이 진짜 눈여겨보는 내용은 그 정보 자체가 아니라 지원자가 그만큼 시장에 대해 공부했다는 사실, 그리고 스스로 회사 현황을 분석해본 지원자의 열정이다.

〈상담 전 자기소개서〉

지원동기

인터넷 보급률이 세계 최고 수준인 한국에서 바이럴 마케팅은 효과가 좋은 홍보 수단 중 하나입니다. A회사는 바이럴 마케팅을 기반으로 다양한 회사의 광고를 만들고 있습니다. 최근에는 한 식품회사의 온라인 광고를 맡아 호평을 받기도 했습니다. 그런 A회사에서 최선을 다해 마케팅하겠습니다.

〈상담 후 자기소개서〉

지원동기

한 화장품 제품을 주제로 3분짜리 리뷰 동영상을 유튜브에 올린 적이 있습니다. 처음 동영상을 올릴 때에는 그 화장품이 너무 좋아서 저의 경험을 기록해 두고 싶은 생각이었는데 조회수가 500건 가까이 올라가고, 댓글이 10개나 달렸습니다. 제 경험이 인터넷에서 공유되는 것을 보며 바이럴 마케팅의 힘에 대해 다시 한 번 생각하게 되었습니다.

비교적 적은 금액으로 큰 효과를 볼 수 있는 온라인 바이럴 마케팅 시장은 점점 더 넓어질 것이라고 생각합니다. 지금까지 해온 저의 경험들은 온라인 마케팅에 강점을 갖고 있다고 자부합니다. 친근하고 효과적인 콘텐츠를 만들어 소비자들에게 다가갈 수 있도록 기여하겠습니다.

식당 아르바이트 경험을
유통업 매장 관리직과 연결 짓다!

"이력서와 자기소개서를 이번에 처음 작성해 봤습니다. 다른 학생들 서류보다 많이 부족한가요?"

정말 더웠던 여름의 끝자락, 잔뜩 풀이 죽은 한 학생을 만났다. 서류를 처음 쓰는 학생들은 대부분 자신의 서류가 남들에 비해 부족한 것 같다며 걱정한다. 누구나 그 과정을 겪으니 기죽을 필요는 없다. 게다가 아무리 서류를 많이 써도 회사에서 실무를 해보지 않은 이상 부족한 구석은 있기 마련이다.

지원자에게 어떤 경험을 해왔는지 묻자 이태원의 한 식당에서 거의 1년 가까이 홀 관리 아르바이트를 했다고 한다. 일도 재미있고 시급도 높아서 생각보다 오래 일했다고 했다. 그 지원자는 이렇게 소소한 아르바이트 경험을 이력서나 자기소개서에 써도 괜찮은지 물었다. 대답과 함께 지원자에게 아르바이트를 하며 특별히 기억나는 일은 없었는지 확인했다.

"제가 일했던 식당은 작은 편이어서, 일하는 동안 홀 관리를 전부 했습니다. 근데 정말로 이렇게 평범한 아르바이트 경험도 이력서나 자기소개서에 써도 되나요?"

"당연히 써야 합니다. 대신 레스토랑에서 홀 관리를 하면서 손님들에게 어떤 서비스를 제공했는지, 주로 어떤 연령대의 고객들을 만났는지, 하루 평균 몇 명의 고객들을 응대했는지 등도 가능한 한 숫자로 자세히 써야 합니다. 특별히 즐거웠던 일은 없었나요?"

"1년 정도 일하는 동안 단골손님들이 점점 많아졌던 게 가장 기억에 남습니다. 자연스럽게 단골손님들은 어떤 메뉴를 제일 좋아하는지 외우게 되었습니다. 그래서 손님들이 오면 먼저 평소 드시던 메뉴를 추천하기도 하고, 가벼운 대화를 나누면서 친해지기도 했습니다."

"지금 이야기한 내용들은 브랜드 가치를 높이는 활동과 깊은 연관이 있습니다. 친구가 지원하는 매장 관리 직무에도 고객이 뭘 좋아하는지, 어떤 것을 필요로 하는지 알고 제대로 대응하는 능력이 필요하거든요. 이 내용을 이력서에도 언급하고, 자기소개서 지원 동기 부분에도 풀어쓰면 좋겠습니다. 1년 동안 꾸준히 아르바이트를 해온 성실함, 단골손님을 모은 친밀함 등을 강조하는 거죠."

그의 첫 이력서에는 이 재미있는 이야기가 '이태원 그리스 레스토랑 아르바이트'라고만 적혀 있었다. 앞서 이야기했듯, 지원자들은 갖가지 아르바이트와 대외활동, 인턴 등 다양한 활동들을 하고 있다. 이 내용이 상대방에게 잘 전달되지 않는 이유는 가치가 없거나 평범하기 때문이 아니라 전달 방식이 '틀렸기' 때문이다.

〈상담 후 자기소개서〉

지원동기

"1년간의 레스토랑 아르바이트로 30명의 단골손님을 만들다!"

1년 동안 단골손님 30명을 만든 경험을 200% 활용해 이 회사의 매장 중 단골손님이 가장 많은 지점을 만들겠다는 포부로 지원하는 '단골 메이커' 김수진입니다. 저는 이태원의 그리스 레스토랑에서 일하며, 손님들에게 먼저 다가가는 자세를 통해 1년 동안 30명의 단골손님을 만들었습니다. 처음에는 일하는 시간을 더 즐겁게 보내고 싶다는 마음으로 큰 소리로 인사하고, 식당에 오는 고객들에게 말을 걸었습니다. 같은 고객이 3~4번 방문하면 그 전에 주문했던 메뉴를 기억했다가 먼저 권하기도 했습니다. 고객들이 즐거운 시간들을 보내는 것을 보며, 더 큰 곳에서 다양한 분들을 대상으로 새로운 메뉴 개발이나 매장 운영을 해보고 싶다는 꿈을 키우게 됐습니다. 그 꿈을 실현하기 위해 제가 가장 일하고 싶은 회사인 이곳에서 단골 메이커가 되고 싶습니다.

O2O 지식을 강조해서
마케팅 직무에 다시 도전하다!

한눈에 봐도 성실해 보이는 학생이었다. 문제는 면접에 가야 이 친구의 성실함이 돋보일 텐데 서류에서 번번이 탈락한다는 것이었다. 이력서에는 많은 내용이 적혀 있었지만, 구체적으로 어떤 일을 했는지는 전혀 눈에 들어오지 않았다. 이력서와 자기소개서의 방향을 잡으려면 그 부분부터 들어봐야 했다.

"한 스타트업 회사에서 인턴으로 일했습니다. 이 회사는 꽃 배달 사업을 했는데, 연속적인 구매가 이루어지지 않고 고객들이 1회성으로만 사용한다는 점이 문제였습니다. 그래서 이용자들의 성향을 분석하고, 어떻게 하면 그들이 사이트를 다시 찾을지에 대한 연구와 프로젝트를 진행했습니다. 컨설팅 회사에서는 전반적으로 O2O Online to Offline 시장 현황이나 수요자들 특성 파악, 비즈니스 형태 등을 찾아 보고서로 만들었습니다."

스타트업 회사와 컨설팅 회사에서 인턴을 하며 소비재 시장 분석을 해온 그의 스펙은 나쁘지 않았다. 문제는 그가 자신의 경험을 회사와 연결시키지 못했다는 점이었다. 경험들이 하나로 응집되어 있지 않고 여기저기 흩어져 있었다. 게다가 이러한 경험과 강점을 피력할 수 있는 산업군에 지원을 해야 하는데 전혀 다른 분야의 회사에만 지원하고 있었다.

　"재밌는 일을 많이 했네요. 그런데 방금 말해준 이야기가 왜 이력서에는 담겨 있지 않은가요? 일한 회사나 프로젝트 정보들도 흩어져 있어서 자세히 봐야만 알 수 있고, 복잡해 보입니다. 자기소개서에 쓰지 않은 내용 중에 더 이야기하고 싶은 것이 있을까요?"

　"음…. 한 4년 전부터 O2O 시장에 관심이 많아져서 혼자 책도 찾아보며 열심히 알아봤습니다. 그래서 산학협력으로 컨설팅 분야에서 인턴도 할 수 있었습니다."

　"그럼 자기소개서 제일 첫 문항인 지원동기 제일 첫 번째 단락에 그 내용을 쓰시면 됩니다. 지금까지 O2O 관련 지식을 쌓아왔다는 내용을 앞쪽에 적으면 인사담당자들의 시선을 잡아끌 수 있을 것 같습니다. O2O 시장에 관심이 많아서 4년 전부터 지식을 쌓아왔고, 스타트업과 컨설팅 회사에서 관련 프로젝트 경험도 해봤다는 사실을 강조하는 거죠. 특히 어떤 소비자층을 대상으로 어떤 아이디어를 내봤는지, 상사로부터 어떤 피드백을 얻었는지 등을 상세하게 적어야 합니다. 이렇게 얻은 정보를 바탕으로 회사의 브랜드 관련 O2O 비즈니스를 해보고 싶어 지원한다고 근거를 대는 겁니다. 이렇게 가능한 한 구체적으로 알고 있는 정보와 앞으로의 가치 창출 방향에 대해 써야 합니다."

〈상담 전 자기소개서〉

지원동기

저는 산학협력으로 컨설팅 회사에서 인턴 경험을 가졌고, 꽃 배달 관련 스타트업 회사에서도 근무한 경험이 있습니다. (중략) 이를 바탕으로 이 회사에서 마케팅 업무를 맡아 일하고 싶습니다.

〈상담 후 자기소개서〉

지원동기

O2O 시장에 관심이 많아 2012년부터 꾸준히 공부해왔습니다. 그 결과 컨설팅 회사, 꽃 배달 스타트업 회사 등에서 인턴 경험을 쌓을 수 있었습니다. 특히 스타트업 회사에서는 주 고객층인 30대 여성들을 연속적인 구매로 이끌 수 있는 방향에 대한 프로젝트를 진행했습니다. (중략) 이런 경험을 바탕으로, 이 회사에서 신발 브랜드 관련 O2O 비즈니스를 해보고 싶습니다.

경험의 오각트리를 활용해
가치를 구체적으로 정리하라

이제 각자가 가진 훌륭한 경험들을 잘 정리해, 직무에 연관시켜야 한다는 사실을 알게 됐다. 그렇다면 경험을 직무와 연관시킬 수 있도록 정리하는 가장 좋은 방법은 무엇일까? 바로 경험에서 찾은 가치를 구체적으로 보여주는 것이다.

경험을 나열하는 데 그치지 않고 언제, 왜, 어떻게 등을 구체적으로 따져 물으면 자신도 몰랐던 가치들이 드러난다. 자신에게 특별한 이야깃거리가 있을까 걱정하는 대신 다음 과정을 따라해보자.

먼저 지금까지 써온 이력서나 자기소개서를 돌아보자. 서류를 쓸 때 우리들은 보통 이런 과정을 거친다.

1. 네이버나 구글 등 포털사이트에 들어간다.

2. 이력서 형식이나 자기소개서 샘플을 찾는다.

3. 기존 내용을 지우고, 자신의 내용을 채워 넣는다.

남들이 써놓은 이력서나 자기소개서 양식을 따라 똑같이 쓰려니, 머리가 아프지 않던가? 이력서는 그나마 연도순으로 내용을 채워 넣으면 되는데, 자기소개서는 합격 사례와 똑같이 쓸 수도 없다. 이력서도 마찬가지로, 작성해놓으면 빈칸이 너무 많아 썰렁하게 느껴진다.

이런 경험이 있다면 지금까지 썼던 이력서와 자기소개서는 잠시 잊고, 아래의 순서대로 항목을 작성해보자.

1. 빈 종이를 꺼낸다.

2. 자신의 경험(인턴, 공모전, 대외활동, 봉사활동 등)을 빠짐없이 적는다.

3. 그 아래에 왜, 무엇을, 어떻게, 결과, 배운 점 등 세부 항목을 만든다.

4. 항목과 관련된 내용을 숫자를 사용해 구체적으로 적어본다.

이를 경험의 오각트리라고 한다. 경험을 단순히 나열하는 것을 넘어서 좀 더 구체적으로 들여다보는 과정이다. 대체 이 경험을 하게 되었는지, 그 경험을 하며 어떤 역할을 맡았는지, 구체적으로 어떤 방법을 사용했는지, 성과는 무엇이었는지 등을 적는다. 아주 사소한 부분까지 정리해야 한다. 의외로 모르고 있었던 부분을 많이 발견하게 될 것이다.

그중에서 상대방이 주목할 만한 정보, 직무나 회사에 연관되는

경험의 오각트리

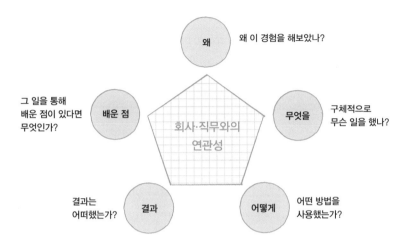

〈경험명〉

	내용
왜(Why)	그 경험을 하게 된 이유를 떠올리기
무엇을(What)	구체적인 활동 내용을 꼼꼼하게 적기
어떻게(How)	일을 수행한 방법을 순서대로 표기하기
결과(Results)	성과, 주변으로 받은 피드백 정리하기 (가능한 한 구체적인 숫자로 작성)
배운 점 (Learned lessons)	경험을 통해 배운 가치를 적기 경험과 회사(업계)의 관련성 찾기

이야기들을 추리면 이력서와 자기소개서의 초안이 된다. 이 과정을 통해 작성된 자기소개서는 인사담당자들로 하여금 우리가 알고 있는 지식은 무엇인지, 잘할 수 있는 일이 있는지, 회사에 어떻게 기여할 수 있는지 등을 직관적으로 파악할 수 있도록 돕는다.

5가지 항목 중에서도 특히 '내가 그 경험을 왜 하게 되었는지', '경험에서 얻은 성과나 피드백은 무엇인지', '경험을 통해 내가 배운 점은 무엇인지'가 가장 중요하다.

작성한 내용은 이력서와 자기소개서뿐만 아니라 면접 때까지 활용하게 된다. 최대한 많은 내용을 끌어내는 방법은 가능한 한 구체적으로, 특히 숫자를 이용해서 쓰는 것이다. 예를 들어 인턴으로 활동하며 데이터 조사를 했다면 수행 업무를 단순히 '자료 수집'이라고 쓰는 대신 전화, 이메일, 직접 방문 중에서 어떤 수단을 사용했는지, 전화 통화를 사용했다면 총 몇 통으로 정보를 산출했는지 등으로 나누면 사용할 수 있는 정보를 더 많이 모을 수 있다.

이렇게 자신의 경험을 쭉 적어보면 공통점을 찾아 하나의 카테고리로 묶을 수 있다. 그중에서 직무와 관련된 내용을 뽑아내면 된다. 그 내용을 우선 이력서로 간결하게 정리하고, 인사담당자들에게 강조하고 싶은 내용이나 더 자세히 보여주고 싶은 부분은 자기소개서에 풀어쓰면 된다. 서류 작성 전 먼저 오각트리를 구성해봐야 하는 이유다.

실제로 무작정 서류를 쓰다 보면 중요한 내용도 빼먹는 경우가 생긴다. 중요도를 알 수 없으니 자기소개서에도 쓸 말이 없고, 결국 자신의 경험과는 상관없는 회사 소개 등만 쓰게 된다. 두 서류는 유기적으로 연결되어야 하는데 이력서 따로, 자기소개서 따로인 상태가 되고 만다. 당연히 서류를 작성하는 시간도 훨씬 늘어난다.

질문에 대한 대답이 바로 인사담당자들이 궁금해하고, 알고 싶어하는 내용이다. 단순히 정보만 나열하는 대신 자신이 경험을 통해 무엇을 알고 있고, 무엇을 할 줄 아는지, 그리고 이를 바탕으로 회사에 어떻게 기여할 수 있는지를 직관적으로 드러내야 한다.

여전히 경험을 어떻게 정리해야 할지 막막하다면, 다음 내용을 참고해보자. 대학 생활에서 주로 하는 경험을 오각트리 구성을 위한 질문들과 함께 제시했다. 이를 토대로 자신의 상황에 맞춰 내용을 채우면 된다.

경험의 오각트리 구성을 위한 질문 예시

경험	오각트리 구성을 위한 질문
동호회 회장으로서 행사 주관	· 구체적으로 어떤 주제의 행사를 기획했는가? · 몇 명의 사람들과 함께 일했는가? · 조직으로 일하며 갈등 상황은 없었는가? · 리더로서 가장 어려웠던 점은 무엇인가? · 행사를 어떤 방식으로 홍보했는가? · 결과적으로 행사에 몇 명이나 참여했는가?
주식 투자 동아리 활동	· 어떤 투자 방법을 활용했는가? · 어느 정도의 자금을 운용했는가? · 투자한 대표 종목은 무엇인가? · 같은 기간의 벤치마크(KOSPI 수익률)와 대비해보면 성과는 어느 정도인가? · 성과가 났다면, 이유는 무엇이라고 생각하는가?
산업 및 기업 분석 스터디	· 어떤 분야를 분석했는가? · 직접 읽은 후 분석한 리포트는 몇 개인가? · 어떤 점에 초점을 맞추어 분석했는가? · 스터디원들의 피드백은 어떠했는가?
홍보대사 등 온라인 마케팅 활동	· 그 회사의 홍보대사를 하게 된 이유는 무엇인가? · 홍보대사를 하며 얻고 싶었던 점은 무엇인가? · 어떤 종류, 내용의 콘텐츠를 제작했는가? · 총 몇 개의 콘텐츠를 작성했는가? · 누구를 타깃으로, 어떤 식으로 홍보했는가? · 블로그의 평균 방문자 수는 몇 명인가?

데이터 조사 및 보고서 작성 인턴 활동	· 조사한 자료의 세부내용은 무엇이었는가? · 어떤 형식으로 자료를 조사했는가? · 어떤 시장에 대해 조사해보았는가? · 그 결과 나는 무엇을 알게 되었는가?
행사 기획 및 보조 아르바이트	· 누구를 타깃으로 했는가? · 어느 정도 규모의 행사였는가? · 어떤 주제를 다루는 행사였는가? · 정확히 어떤 일을 했는가?
콜센터 아르바이트	· 어떤 산업의 콜센터였는가? · 하루 평균 몇 건의 일을 처리했는가? · 고객들의 불만사항을 어떻게 처리했는가? · 자신만의 '진상고객' 대처법이 있는가? · 아르바이트 과정에서 배운 점이 있는가?
유통 업체에서의 판매 아르바이트	· 자신이 판매한 상품이나 서비스는 무엇인가? · 상품의 타깃은 누구였는가? · 어떤 방식으로 세일즈를 했는가? · 얼마만큼의 성과를 올렸는가? · 배운 점이 있다면 무엇인가? · 이 경험이 나에게 어떤 영향을 미쳤는가?
공모전 참여 및 수상 결과	· 어떤 종류의 공모전이었는가? · 타깃 시장이나 대상은 누구였는가? · 어떤 내용을 제안했는가? · 수상한 적이 있는가? · 심사위원들에게 어떤 평을 받았는가?
창업	· 타깃 시장이나 대상은 누구였는가? · 사업에 성공했는가, 실패했는가? · 배운 점이 있다면 무엇인가?

경험의 오각트리로
나만의 이야기를 찾다!

앞에서 이야기한 내용처럼 개인의 경험들을 쭉 적어 놓고 스스로에게 질문하며, 나만의 오각트리를 만들어보자. 지금까지 어떤 삶을 살았는지 정리해볼 수 있는 기회가 될 것이다. 대학 생활을 하며 많이 하는 일들을 경험의 오각트리로 정리한 예를 살펴보자.

커피 전문점에서 아르바이트하며
요식업계 경험을 쌓다!

"저에게는 정말 특별한 경험이 없는 것 같아요!"라고 말하는 한 학생을 만났다. 혹시 아르바이트 경험을 묻자, 그는 '남들 다 하는' 커피 전문점에서 아르바이트를 했다고 말했다.

그 경험도 자기소개서에 쓰기 좋은 소재라고 이야기해주니 긴장이 풀리는지, 아르바이트를 하는 동안 커피가 점점 더 좋아졌고 친구들과 다른 커피 전문점에 갈 때도 이곳의 특징은 무엇인지, 커피 맛은 어떻게 다른지 유심히 살펴보게 되었다는 경험을 들려주었다. 심지어 바리스타 자격증까지 땄다고 했다.

그 내용을 정리해보면 다음과 같이 요식업계 매장 자기소개서에 지원동기로 활용가능한 정보를 찾을 수 있다.

〈경험명 : 커피 전문점 아르바이트〉

왜	· 커피를 좋아함 · 20대를 타깃으로 하는 식음료 산업을 직접 경험하고 싶었음
무엇을	· 50여 가지 종류의 커피와 차를 만듦
어떻게	· 커피에 대해 더 관심이 생겨서 바리스타 자격증을 땄음 · 바리스타 선배들을 만나 커피에 대한 이야기를 나눔
결과	· 하루 평균 500여 명의 고객을 응대함 · 매장 매니저에게 일을 빨리 배우는 직원이라고 칭찬 들음
배운 점	· 고객의 불만사항 대처법: 고객에게 빨리 사과하고, 음료를 다시 제공하는 등 해결책을 제시해야 함 · 커피 전문점들마다 어떤 특성이 있는지 연구함. 장사가 잘되는 집은 음료 가격이 싸거나 서비스가 좋거나 등, 무언가 특별한 점이 있다는 것을 깨닫게 됨 · 나중에 커피 전문점을 차리거나 관련 업계에서 일한다면 어떤 방식으로 운영해야 하는지 등 방향성을 알게 됨

금융 선생님으로 봉사활동하며,
고객 맞춤형 응대를 배우다!

　은행권 취업을 준비하고 있는 한 지원자를 만났다. 그는 학생들을 대상으로 하는 금융캠프에 참가해 초등학생 30여 명의 담임을 맡았던 경험이 있다고 했다. 지금까지 학교를 배우며 쌓아온 지식들을 현장에서 사용해보고 싶었기 때문에 이 행사에 참여했다고도 했다.

　"특히 너무 유치하지 않을까 생각했던 게임을 할 때 호응도가 제일 높았습니다."

　자기들끼리만 장난치고 놀면서 전혀 집중하지 않던 아이들이 점점 자신에게 집중하고, 심지어 먼저 질문하는 모습을 보니 놀라웠다고 한다.

　이 경험을 통해 그는 자신의 입장에서만 생각하지 말고, 고객 입장에서 생각해야 정보를 효율적으로 전달할 수 있다는 사실을 깨달았다고 말했다.

　이렇듯 봉사활동도 경험의 오각트리로 정리해보면 얼마든지 직무와 연관해 설명할 수 있다. 그는 이 내용을 고객과의 소통 능력으로 풀어냈다.

〈경험명 : 금융 교육 봉사활동〉

왜	· 금융 지식을 실제 현장에서 사용해보고 싶었음
무엇을	· 초등학생들이 알아야 하는 금융의 개념, 돈, 저축 등에 대해 다시 공부함 · 캠프에 참여한 초중고생 200여 명 중 30명의 담임을 맡아 금융 기초 지식을 가르침
어떻게	· 초등학생 눈높이에 맞춰 게임, 구연동화 등의 방식으로 '금융'이 무엇인지 이해할 수 있도록 도움
결과	· 캠프 초창기에는 아이들이 전혀 집중하지 않아 어려움이 있었음 · 게임을 하거나 동화책을 읽어주자 아이들이 점점 집중하기 시작함 · 마지막 날에는 다들 헤어지기 싫어해서 뿌듯했음
배운 점	· 같은 내용이라도 대상에 따라 전달 방식이 달라져야 함

대학신문의 편집장
콘텐츠 발굴 능력을 키우다!

1학년 때부터 쭉 학보의 취재 기자로 활동하다가 4학년 때는 편집장까지 맡아 일한 취업 준비생이 있었다. 학보사 일은 그에게 '대학 생활의 모든 것'이라 할 만큼 중요했다.

그는 2주마다 돌아오는 마감 때마다 온 정신을 학보에 쏟았다고 한다. 학우들이 관심 있어할 만한 내용을 취재하고 편집하느라 눈코 뜰 새 없이 바쁜 시간들이었다. 그만큼 힘들기도 했지만 무엇과도 바꿀 수 없는 성취감을 느낄 수 있었다고 했다.

이 경험을 통해 그는 화제가 될 수 있는 주제 발굴과 전달 능력, 함께 일하는 사람들과 소통의 중요성에 대해 배웠다고 했다. 그렇지만 그는 기자가 아니라 일반 기업에 지원하는 경우, 이 경험을 어떻게 살려야 할지 몰라 고민하고 있었다.

이 경우, 접점을 찾아 새롭게 바라보면 답을 찾을 수 있다.

〈경험명 : 학보사 편집장〉

왜	· 직접 콘텐츠를 만들어보고 싶어 1학년 때부터 대학교 학보의 취재 기자로 활동함 · 친구나 후배들의 고민을 잘 들어주는 성격 덕에 신임을 쌓을 수 있었고 4학년 때 자연스럽게 편집장이 됨
무엇을	· 대학생들이 관심 가질 만한 주제를 정함(사회, 취업, 여행, 패션 등) · 취재해온 기사를 편집함
어떻게	· 2주에 한 번씩 마감이 돌아올 때마다 학보 마감에 매진 · 마감일을 매우 중요하게 생각함 · 기업이나 선배들과 후원을 맺기 위한 이벤트를 주최함 · 페이스북 등 SNS를 통해 20대 대학생들이 어떤 트렌드에 민감한지 분석함 · 독자가 어떤 기사에 반응하는지 공부함
결과	· 2주에 한 번씩, 3만 부 이상의 대학 신문 발행 · 학교 내 공로상 수상
배운 점	· 20대 대학생들이 좋아할 만한 콘텐츠 발굴 · 글 작성하는 법을 배움

인사담당자는
절대 이력서를 '읽지' 않는다

    지금까지 정리한 내용을 가지고, 본격적으로 이력서를 쓸 차례다. 이력서에는 지금까지 찾았던 가치들 중에서 직무와 관련 있는 내용을 시간순, 중요도 순으로 정리해 배치하면 된다. 직무와 관련이 없다면 과감히 빼는 용기도 필요하다.

    30초 안에 승부를 보아야 하는 이력서에 문장을 길게 늘여쓰는 것은 금물이다. 자기소개서보다 짧은 문장으로, 가능한 한 단어로 끊어서 문장을 구성해야 한다. 신입으로 지원한다면 이력서는 영문이든 국문이든 가능하면 1장, 길어도 2장 내외로 작성하는 편이 좋다.

    다음은 한 학생이 작성한 자유 형식 이력서의 일부다. 자기소개서가 아니라 이력서다. 우리가 사장이라면 이 이력서를 쓴 지원자를 만나고 싶을까? 답을 먼저 말하자면, 이런 이력서로는 100% 탈

〈이력서〉

- **'공유의 리더십' 수업에서 '지역 공동체를 위한 봉사'라는 주제로 팀 작업:**

  저는 조장을 맡아 장애인들이 운영하는 지역 카페를 널리 홍보하자고 제안했습니다. 사람들이 찾아오기 쉽도록 지도를 만들고, 페이스북 페이지를 만들어 홍보했습니다.

- **프랑스어와 19세기 프랑스 문학을 배움:**

  과거의 프랑스 사회가 현대의 프랑스에 미치는 영향을 알게 되었습니다. 또한 많은 프랑스 영화를 보면서 외국인 사회와 그들의 정서를 진심으로 이해하기 시작했습니다. 이 경험은 '모두가 세상을 아름답고 행복하게 느끼도록 만들자'는 제 목표에도 아주 큰 영향을 주었습니다.

- **클럽 활동:**

  ① 서울의 다양한 대학생들로 구성된 노래 합창단: 이 활동 덕분에 다양한 소리를 아름답게 조화시키는 법과 각각의 소리가 모두 소중하다는 사실을 알게 되었습니다.

  ② 재학생과 프랑스에서 온 교환학생들이 생각과 문화를 공유할 수 있는 불어불문학부 모임 주최: 한국 패션위크 당시 DDP로 소풍을 가서 한국 패션 트렌드에 대한 의견을 나누었습니다. 또 한국의 전통 유산을 소개하기 위해 '간송의 보물' 전시회도 함께 관람했습니다. 마지막으로 한국과 프랑스의 서로 다른 패션, 화장품, 미의식 등에 대해 이야기를 나누었습니다.

락한다. 이력서는 '보는 것'이지 꼼꼼히 읽기 위한 용도가 아니다. 한눈에 경력사항을 확인할 수 있도록 써야 하는데, 핵심만 요약하지 않고 부가적인 내용만 길고 자세하게 써놓으면 보는 사람은 불편할 수밖에 없다. 수백 장의 서류가 쌓여 있는데, 인사담당자들이 굳이 보기 불편한 이력서를 자세히 들여다볼 이유가 있겠는가?

이력서를 어떤 형식으로 구성하고 써야 할지 고민하는 지원자들이 많다. 외국계 회사에 지원할 때도 마찬가지이다. 국내 회사들은 보통 이력서 형식을 정해주는 데 반해 외국계 회사의 경우에는 대부분 '자유 형식'을 사용하기 때문이다. 영어로 이력서를 쓰는 일 자체도 힘든데 형식부터 스스로 만들어야 하니 어려울 수밖에 없다.

따라서 다음부터는 영문 이력서 위주로 학생들의 실제 이력서 중 일부를 발췌하여 제시하고, 이 서류들을 평가해본다. 다른 이들의 이력서를 살펴보면 좋은 서류와 나쁜 서류, 다시 말해 잘 읽히는 이력서와 그렇지 않은 이력서의 기준이 무엇인지 금방 알게 된다.

못 쓴 이력서에는
그만한 이유가 있다

한눈에 보이지 않는 이력서는 실패한다

못 쓴 이력서의 특징은 한눈에 보이지 않고, 읽히지 않는다는 것이다. 글이 읽히지 않는 가장 큰 원인은 이력서가 산만하기 때문이다. 다음으로 들어가야 할 내용과 들어가지 않아야 할 내용을 구분하지 못했기 때문이다. 경험의 오각트리를 통해 강조할 내용을 뽑아내는 작업이 필요하다. 마지막으로 글이 너무 길다. 지금부터 사례를 통해 구체적으로 하나하나 짚어보자.

다음 사례의 대학교 이름 등 일부는 편의를 위해 가명을 사용했다. 또한 내용을 좀 더 자세히 확인할 수 있도록 이력서를 나누어 제시했다. 이력서를 문서 프로그램으로 옮기면, 본문 2페이지당 A4용지 1페이지 분량이 된다고 생각하면 된다. 눈여겨 살펴볼 내용은 밑줄 처리했다.

사례 1. 자신이 하고 싶은 이야기만 늘어놓은 이력서

학력사항

2014년 2월~   한국대학교 MBA 졸업
2016년 2월   • 학점: 3.62/4.30

2005년 3월~   한국대학교 생명식품과학과 졸업
2009년 8월   • 학점: 3.76/4.50

2002년 3월   한국고등학교

경력사항

2009년 10월~   **공군 입대 및 장교 복무**   경기도 포천시
2011년 7월   • 공/육 합동군사 훈련 시 공군부대
                    '우수 수검 장교' 수상
                   -공/육 훈련 시 공군 대표 장교로서 계획
                      수립 및 합동 훈련 지휘 및 진행에 기여함

                 • 공중작전 지휘 통제 시 작전 수행 용어 확립
                    및 조정을 통해 레이더 및 미사일 운용 부서 간
                    커뮤니케이션 능력 증대

                 • 지상 작전 업데이트 및 120여 명의 부대원에게
                    작전 계획 분기별 교육을 실시하여
                    '불시 전투태세 검열' 통과

                 • 부대 내 재활용 폐기물 처리 감독을 통한
                    위생 관리 및 안전 관리 수준 향상

2011년 9월~   **한국시스템 관리부(계약직)**   경기도 용인시
2012년 8월   • 신용 장비 시스템 체크 프로토콜 제작을 통한 업무
                    효율성 향상성 증진 및 디버깅 보조

2013년	K system biology lab(인턴)	광주광역시
1월~7월	• 스트레스에 따른 유전자 변화 양상 패턴 관찰	
	• 실험용 쥐 관리 및 실험 후 폐기물 처리를 통한 실험 안전 사고 방지에 기여	

대외활동 및 수상경력

2015년	녹색회계 프로젝트
4월~5월	실제 사례 분석으로 TVA(테네시 주 전력)와 KEPCO의 3개년 재무현황을 액셀을 이용한 수치적 분석을 실시. 보고서 및 자료 리서치를 통해 각 시기마다 일어난 환경의 문제 또는 정부의 정책변화를 확인해 내/외부 사건들에 의해 회사의 재무상태가 받게 되는 영향을 확인함

2015년	녹색기업가치 평가 프로젝트
3월~4월	매립가스 발전 회사인 에코에너지 회사가 다루고 있는 사업의 기술적인 이해 및 회사의 그동안 재무적인 성장 과정을 고려하여 향후 만들어낼 가치를 DCF 모델을 이용한 순현재가치(NPV)를 계산. 가격결정 모형(CAPM)을 구한 이후 한국증권거래소(KRX)를 참고하여 산업의 5년간 평균 요구수익률 및 회사의 신용등급을 고려한 은행 이자율을 통해 가중평균자본비용(WACC)을 산정 하여 할인율에 적용시킴

2014년	재무회계 프로젝트
4월~5월	삼성전자의 재무제표와 소니, LG와의 재무 상태 비교. 액셀을 활용하여 주요 지표들의 ratio를(ROA, Current Ratio, Operating margin 등) 계산. 이를 통해 기업의 재무 상태 파악 및 향후 전망 예측

2014년	경영통계분석 프로젝트
4월~5월	World bank 데이터 및 국내 전력사용 데이터를 활용하여 economic growth/ 인구변화와 전기 사용량과의 correlation 확인. 회귀분석 모형을 활용한 향후 전력 생산필요량 예측

2014년	H.C.F(Hankook Christian Fellowship), 회장
12월~현재	학기 초 외부 유명 기독인사 초청 및 행사 진행
	연말 학교 내 바자회/봉사 행사 홍보 및 지원
2014년 2월	KMS(Korea MBA society) 나눔 행사
	독거노인 및 불우이웃 무료 배식 추진 및 진행
2007년 3월~	저소득 청소년 대상 공부방 교사 활동(250여 시간)
2009년 6월	지역 청소년 학업 지도 및 상담
2011년 5월	우수 수검 기여 표창장
	공/육 합동 훈련 시 재난통제 지휘관 임무 수행

기타사항

외국어	영어 : 비즈니스 회화 능숙(TOEIC 905)
	TOEIC Speaking Level 6
컴퓨터	Visual Basic 프로그래밍 가능
	MS office 활용 능력 능숙
연수내역	미국 Business School 'Brand Management' Program 수료(2014.8)
자격증	MS office Master(2007)
취미 및 특기	독서, 교육봉사, 마라톤

자신이 사장이라면, 앞의 이력서를 쓴 구직자를 채용할 생각이 있겠는가? 대부분 아니라고 대답할 것이다. 그 이유는 크게 5가지로 나눌 수 있다.

가장 먼저, 회사에서 필요로 하는 정보보다 자신의 관점에서 중요한 정보를 더 강조했다. 군대 복무 경험을 '경력'으로 쓰는 경우는 직업 군인으로 근무했을 때뿐이다. 특수부대에 복무했다거나 이라크나 아프가니스탄 등으로 파병을 다녀온 경우처럼 특이한 경험은 자기소개서에 언급하기도 한다. 물론 자기소개서에 쓰라고 적극 독려하는 부분이기도 하다. 그 자체로 희소성이 있고, 차별화가 가능하기 때문이다.

그렇지만 그 내용을 경력사항 첫 줄에 써서는 안 된다. 회사가 주목하는 정보가 아니기 때문이다. 굳이 군대에서의 활약상이나 리더십 등을 언급하고 싶다면, 자기소개서에서 직무와 연관지어 서술하는 것으로 충분하다.

두 번째로 문장이 길다. 이력서에서는 하나의 글머리표에 한 줄 내외로만 쓰자. 예를 들어 아래의 문장에서 작은따옴표로 표시한 부분은 전부 사족으로, 쓸데없이 내용을 꾸미며 문장을 늘이고 있다. 자신의 활동 내용을 자세하게 설명하고 싶은 마음에 많은 지원자들이 이런 실수를 한다. 그러나 문장이 짧을수록 내용은 명확해진다. 다음 문장을 보자.

- '매립가스 발전 회사인 에코에너지 회사가 다루고 있는 사업의 기술적인 이해 및 회사의 그동안 재무적인 성장 과정을 고려하여 향후 만들어 낼 가치'를 DCF 모델을 이용한 순현재가치(NPV)를 계산

  → DCF 모델을 이용한 순현재가치(NPV)를 계산

- '삼성전자의 재무제표와 소니, LG와의 재무 상태 비교. 액셀을 활용하여 주요 지표들의 ratio를(ROA, Current Ratio, Operating margin 등) 계산. 이를 통해' 기업의 재무 상태 파악 및 향후 전망 예측

  → 기업의 재무 상태 파악 및 향후 전망 예측

앞뒤 호응이 틀린 문장도 경계해야 한다. 앞뒤 호응이 틀리다는 것은 한 문장 안의 주어와 서술어가 맞지 않는다는 뜻이다. 주술구조를 확인하고 싶다면 문장의 주어, 목적어, 서술어를 찾아 이어보면 된다. 문장에 서술어 역할을 하는 단어가 너무 많다면, 적절하게 끊어보자.

앞에서 말했듯 회사원들이 하는 일 중 상당수는 문서 작업이다. 비문이 많으면 일을 잘할 수 있을 것이라 기대하기 어렵고, 결국 회사가 그 사람을 채용하지 않는 원인이 된다. 예를 들어 '신용 장비 시스템 체크 프로토콜 제작을 통한 업무 효율성 향상성 증진 및 디버깅 보조'는 대체 무슨 뜻일까? 이 문장을 다음과 같이 좀 더 이해하기 쉽고 명료하게 바꾸면 다음과 같다.

- 신용 장비 시스템 체크 프로토콜 제작을 통한 업무 효율성 향상성 증진 및 디버깅 보조
→ • 신용 정보 확인을 위한 프로그램 개발로 효율성 향상에 기여
   • 프로그램 오류 확인 보조

   또한 일반적으로 학교에서 수업시간에 수행한 개별 프로젝트들은 이력서에 전부 다 나열하지 않는다. 그런데 이 이력서를 살펴보면 학교에서 수행한 프로젝트들을 아주 자세히 적고 있다. 이 내용은 학력사항 부분으로 옮겨 각각 한두 줄 내외로 짧게 언급하는 편이 좋다. 가장 중요한 활동을 한두 가지 정도로 추려내는 작업도 필요하다.

   반면 가장 중요한 내용은 구체적으로 서술하지 않았다. 이 지원자가 가장 자세히 기술해야 하는 부분은 바로 계약직과 인턴으로 일했을 때의 내용이다. 두 회사에서 구체적으로 어떤 일을 했는지, 회사에 어떻게 기여했는지 등에 대해 구체적인 설명이 필요하다. 회사에서 가장 중요하게 보는 것 중 하나가 직무 역량이다. 직무와 관련된 경험이 있는 지원자라면 특히 이 부분을 강조해 자신의 역량을 증명해야 한다.

사례 2. 숫자가 없는 두루뭉술한 이력서

정준우

1985년 12월 16일생(만 31세)

010 - 1234 - 1234

mkbook@gmail.com

관심 분야

Risk Management	금융통계 및 파생상품 A- 이상 이수(한국대학교 경영대학원)
	@Risk를 통한 시뮬레이션 활용 가능
	국제 FRM 시험 준비중(11월 시험 예정)
자산 운용	대학교 재학 시절 주식모의투자 클래스 1등(수익률 40%)
	OSU Trading Competition(Position Settlement) 2등
	투자 관련 과목 A0 이상 이수(한국대학원)
	• 학점: 3.62/4.30

경력사항

2013년 1월~ 2015년 1월	한국신용협동조합	경기도 시흥시
	• 개인여신, 자금출납 및 수신 담당	
	: 조합 수익 향상을 위해 개인사업자를 대상으로 일일상환대출 제안	
	⇒ 대출 자체 증가량 3억 + 이미지 개선	
	+ 입출금통장 증가율 10% 향상	

학력사항

2015년 2월 ~ 현재	한국대학교 경영대학원 Finance-MBA • 투자 분야(투자분석, 채권투자, 파생상품) 집중 연구 • GPA Overall : 3.84/4.30	서울특별시
2004년 3월 ~ 2010년 8월	한국대학교 경제학과 • GPA Overall : 3.92/4.50	서울특별시
2001년 3월 ~ 2004년 2월	한국고등학교	서울특별시

기타사항

외국어	영어 : TOEIC 820
컴퓨터	Excel 운용능숙
연수내역	O University(Global Study Programs, Half Semester)
자격증	은행 FP, 선물거래상담사, 펀드투자상담사

잘 쓴 이력서는 쓱 훑어보는 것만으로도 지원자가 어떤 일을 해 보았는지, 어떤 능력을 가지고 무슨 성과를 냈는지, 결과적으로 이 회사에서는 무엇을 할 수 있을지를 직관적으로 파악할 수 있다.

이 이력서는 5년여의 경력에도 불구하고, 세부 내용이 너무 짧아 위에서 언급한 내용들을 파악하기 어렵다. 지원자가 관리한 고객의 수나 자금의 규모를 숫자를 사용해 구체적으로 드러내고, 어떤 금융 상품들을 구체적으로 다뤄보았는지 언급해 어떤 분야의 지식을 가지고 있는지 보여줘야 한다. 고객 관리 및 유지를 위한 노력이나 고객 불만 처리 방법도 꼼꼼하게 적는다.

이력서에 기술된 내용도 정확하고 구체적으로 수정할 필요가 있다. 관심 분야에 쓰인 '대학교 재학 시절 주식 모의 투자 클래스 1등' 항목은 전문적으로 보이지 않는다. 연도와 주최 기관, 대회명을 정확히 명시해야 한다. 지원자가 제안한 신규 아이디어로 회사의 수익성이 향상됐다는 내용도 결과를 강조하는 방식으로 서술하면 내용을 훨씬 알아보기 쉬워진다.

- 대학교 재학 시절 주식 모의 투자 클래스 1등

  → 대한증권 대학생 주식 모의투자대회 1등(수익률 40%, 대한증권 주최, 2010년)

- 증가량 3억 + 이미지 개선 + 증가율 10% 향상

  → 대출 자체 증가(3억 원, 지점 대출 규모의 3%) 및 입출금 통장 증가율 향상(10%)에 기여

경력사항

2009년 1월~ 2014년 1월	한국전자	경기도 수원시

- 중저가 상품기획(2009~2012년)
- 스마트폰 상품기획(2012~2014년)
- 인동, 중동 및 아프리카 시장의 주요 통신 사업자 대응(2009~2012년)
- 유럽 주요 통신 사업자 대응(2012~2013년)
- 벤처, 스타트업 업체 조사 및 서비스 발굴 업무(2013년)
- 새로운 상품 기획을 위한 인도 시장 조사
  - 기획 및 수행(2012년)
- 아웃도어 특화 스마트폰 상품기획을 위한 유럽 시장 조사
  - 기획 및 수행(2013년)

학력사항

2009년 2월~ 2007년 3월	한국대학교 MBA 졸업	
2006년 8월~ 2005년 9월	Business School, T University	US

- MSc in Finance

기타사항

외국어	영어 : 비즈니스 회화 능숙(해외 인력과의 협업 경험 다수)
컴퓨터	Presentation 자료 관련 프로그램(PPT, Photoshop 등) Excel VBA 프로그래밍 가능
취미 및 특기	사진 촬영, 요리

이력서를 쓸 때, 중요한 내용은 가능한 한 구체적이고 일목요연하게 작성해야 한다. 경력자는 신입사원에 비해 이 부분을 더 세심하게 준비해야 한다. 회사를 다녀본 경험이 있는 만큼, 회사에서 확인하고자 내용이 무엇인지 어느 정도 알고 있는 것이 당연하다. 알면서도 제대로 작성하지 않으면 성의 측면에서도 감점을 받을 수밖에 없다. 따라서 이 지원자의 서류는 대기업 경력을 제외하고는 매력적인 부분이 별로 없다.

결정적인 감점 이유는 어떤 일을 했는지 이름만 나열되어 있다는 데 있다. 중저가 상품을 기획했다면 누구를 타깃으로 했는지, 어떤 상품이었는지, 성과는 어느 정도나 되었는지 등이 정리되어 있어야 한다. 유럽 주요 통신 사업자 대응 업무 역시 마찬가지다.

내용을 시간순서이든 역순이든 일관성 있게 배치하는 작업도 필요하다. 자세히 보면 내용이 글쓴이의 편의에 따라 뒤섞여 배치되어 있다는 사실을 알 수 있다.

기본적인 부분에 실수가 있다는 사실도 아쉽다. 우선 오타가 있다(인동 → 인도). 또 학력사항에 졸업한 대학을 기재하지 않았다. 경력자도 학력사항에 대학교 학부 정보까지는 써줘야 한다. 이 지원자는 대학교 정보를 쓰지 않은 이유가 단순히 실수였다고 고백했다. 학부 정보 같은 기본적인 실수는 더 눈에 띄는 법이다. 이런 서류를 그대로 제출하는 행동은 치명적이다.

EDUCATION

2010.03 - 2016.08	K University	– Seoul, Republic of Korea
	• Bachelor's Degree – Total GPA of 3.66	
	• Major in Clothing & Textiles	
	• Double-major in Business Management	
2012.09 - 2012.12	B College	– New York, U.S.A.
	• Completed ESL Course of level 7(among 1-10 levels)	
	The New School	– New York, U.S.A.
	• Completed a costume class	
2012.01 - 2012.05	N University	– New York, U.S.A.
	• Exchange Student	
2007.03 - 2010.02	K High School	– Seoul, Republic of Korea

LANGUAGES

English
- TOEIC 960
- OPIC Level AL

Chinese
- OPIC Level IM1

SKILLS

Microsoft Office Specialist
- Excel Expert
- Word Expert
- PowerPoint Core

Driver's License

WORK EXPERIENCES

2016.07 – 2016.08	Part-time Worker at K C&T
	• Assisted in a R&D color team

2013.09 – 2013.12	Internship at K fashion
	• Managed seasonal maps and DB in a merchandising team

2012.07 – 2012.08	Part-time Worker at S Trading Co.
	• Assisted sample production in a overseas sales team

2010.06 – 2010.08	Part-time Worker at English Study Center
	• Coached English beginner's speaking class

CURRICULAR ACTIVITIES

2016.09 – 2016.11	Participated in a Handmade Fair with my own brand
	• Launched an accessory brand
	• Produced and sold accessory items while promoting the brand through SNS

2015.03 – 2015.06	Participated in Wine Club Activities
	• Studied wine manners and cultures

2013.03 – 2013.12	Participated in Fashion Marketing Study's Projects
	• Launched a fashion brand and designed a variety of fashion items
	• Sold the items on our own - total sales was about $1,000 for 3 days

2012.09 – 2012.12	Participated in Visual Merchandising Project
	• Launched a perfume brand and practiced a brand management

2010.03 – 2010.03	Participated in a Musical Club activities
	• Made posters, brochures, tickets, and any visual materials for the musical

지금부터는 영문 이력서를 살펴보자.

이 이력서에는 상대방에게 전혀 중요하지 않은 학교 정보가 너무 길게 쓰여 있다. 그들이 중요하게 생각하지 않는 학교 정보나 언어 역량 등에 대한 부분을 앞부분에 길게 늘어놓아 인사담당자들의 시선을 잡아둘 이유가 없다. 학교 정보에는 졸업한 학교, 전공, 학점만 간단하게 언급하는 편이 좋다. 지원하는 직무와 연관되는 교과목을 수강했을 경우, 과목명을 2~3개 정도만 명시한다. 단, 교과목명을 길게 1~2줄 이상 쓸 필요는 전혀 없다. 외국계 기업을 지원할 때는 대부분 고등학교 정보도 쓰지 않는 경우가 많다.

이력서는 '학력Education - 직무 경험Work Experience - 대외활동Extra curricular activities - 자격증Skills' 순서로 쓰는 경우가 일반적이다. 외국계 회사의 경우, 직무 역량과 경험을 가장 중요하게 보기 때문이다. 외국계 회사는 그 자리에 적합한 딱 한 사람을 뽑기 때문에 어떤 직무 경험을 해보았는지, 역량을 제대로 갖췄는지를 가장 중요하게 생각한다. 인턴이든 아르바이트이든 마찬가지다. 따라서 이 이력서에는 인턴 혹은 아르바이트를 하면서 어떤 일을 담당했는지, 어떤 성과를 냈는지 등이 드러나지 않았다는 점이 아쉽다.

마지막으로 대외활동란에 엑세서리 브랜드를 런칭했다는 정보가 있다. 당시 어떤 온라인 홍보 전략을 사용했는지, 소비자 노출이나 판매량은 얼마나 됐는지 등에 대해서도 구체적으로 기술해야 한다.

사례 5. 줄 간격부터 제멋대로인 이력서

EDUCATION

Bachelor of Educational Technology   (February 2011 - Present)

K Uviversity, Seoul, Korea

- Specialization in Human Resource Development(On HRD Expert Track)

- Speciatization in Learning Instruction and Design(On LID Expert Track)

- Main Subject

  a. Educational Video Production : Made 2 Educational Videos by using Adobe Premiere and Adobe After Effects

  b. Future Society and Education : Made 1 application 'Save the Polar bear' by using google app invertor 2 with understanding various future-technology(Virtual reality, Augmented reality, Game-based learning etc.)

  c. Digital Studio : Made 1 application 'Time_Bus' - time learning application, and did 1 project 〈Korean Language Education Program for Adoptees〉 with understanding interactive design principle.

- Scholarship

EXPERIENCE

Office Assistant and Front Desk Receptionist

(September 2016 - Present)

Executive office of The Korean Society for Technology

- Organized hundreds of the members files into the system resulting in ease of retrieval

- Located and obtained new files for symposium
- Editing symposium time table which gives main information about the event
- Communicated with diverse clients including students, staff, professors, and employers
- Responsible for smooth office operation

Departmental student representative   (Feb 2013 – Present)

A Student president of the student council

: Responsible for ETEC(Educational Technology Exhibition and Conference)

- Organizing the excutive branch member
- Organized and tacked appointment calendars for meetings for conference
- Interaction with students, professors, sponsor company, delivery people
- Collaborated with representatives of A Univ, P Univ and C Univ for preparing panel session in ETEC

Volunteer for Japanese Translation service   (Feb 4 - Feb 13, 2015)

language center winter program for the university student in Japan

- Overcoming cultural and languages barriers with participants by remaining open-minded
- Helping to understand the lessons and activity with considering participant's learning style and advanced knowledge
- Translated Korean lectures to Janpanese resulting in effective communication between the instructor and students.
- Coached students in reading, writing, and culture

GLOBAL EXPERIENCE

• Participant of culture exchange program in N University, Japan
(July 10 – July 20 , 2015)

• Exchange student in M University winter session, Australia
(Jan 1 – Jan 30, 2014)

SKILLS

» Language: Fluent Japanese, Conversational English

» Certifications: JLPT N3 certificated, TOEFL 71, TOEIC 670

» Computer skills:

The test of "Word Processor User, Level-I" Computer
Specialist & Database Level - II",
High skill of MOS(Powerpoint, Word, Excel), Premire pro/good
at Photoshop Cs6, illurstrator Cs6

이력서는 1장, 길어도 2장 이내로 작성해야 한다는 점을 꼭 기억하자. 경력이 10년 이상인 구직자라 하더라도 이력서는 1장 안에 끝내는 편이 가장 좋다. 특히 학교 정보와 수강 교과목을 길게 쓰면 더 중요한 정보까지 눈길이 닿지 않으므로 조심하자.

이 이력서에서 가장 아쉬운 부분은 형식적인 측면이다. 이력서의 용도는 읽는 것이 아니라 보는 것인 만큼, 인사담당자들이 한눈에 알아볼 수 있도록 깔끔하게 구성하는 작업이 필요하다. 현재의 이력서는 글 정렬, 줄 간격, 글머리표의 시작점 등이 모두 제각각이다. 내용이 눈에 들어오질 않아 결과적으로 매우 산만해 보인다.

예를 들어, 다른 부분의 글머리표는 원형(•)인데 반해 자격증 부분의 글머리표는 쌍꺾쇠(») 모양이다. 또한 날짜 표시 형식도 다르다. 학력사항에서는 2월을 February로 적었지만, 다른 부분에서는 줄임말인 Feb으로 기재했다.

정보를 비효율적으로 구성한 점도 거슬린다. 이 이력서에서는 학력 항목에 서술된 내용은 대외활동에서 풀어주는 것이 적절하다. 교환학생 경험Global experience도 따로 분류하기보다 학교 정보 밑에 기재하는 것이 좋다.

무엇보다 이 이력서에는 바로 눈에 띄는 오타만 몇 개나 된다(Uviversity→University, Specialization→Specialization 등), 이런 문서는 성의 없어 보이기 때문에 인사담당자가 내용을 읽지 않을 가능성이 높다.

OBJECTIVE

I am ready to show my strong team working skills with calmness, rational judgment, and situational adaptability, currently seeking a position in the Billing team.

EDUCATION

2010.03~ 2016.08	K UNIVERSITY • Bachelor for Statistics	Seoul, Korea
2007.03~ 2010.02	K INTERNATIONAL SCHOOL	China

WORK EXPERIENCE

2016.04~ 2016.08	S CONSULTING • Internship	Seoul, Korea
2015.01~ 2015.02	KOREA LEGAL AND CENTER FOR FAMILY RELATIONS • Administrative Assistants(Internship)	Seoul, Korea

EXTRACURRICULAR ACTIVITIES

2013.08~ 2013.12	GLOBAL FRIENDS IN NTOK Assistance with selling souvenirs National Theater of Korea	Seoul, Korea

2013.07~	K BANK SUPPORTERS	Seoul
2013.09	PR Ambassador	
2012.02~	LANGUAGE TRAINING(Chinese)	China
2012.07	Beijing Daxue language course	
2011.03~	SKINSCUBA	Seoul
2015.08	Club activity	

CERTIFICATE

| 2016.12 | TOEIC SCORED 925 |

깔끔한 형식으로 구성했지만, 구체적이지 않아 아쉽다.

이 지원자의 경우 대형 컨설팅 업체에서의 인턴 경험, 외국어 통역 봉사, 은행에서의 서포터즈 등 역량을 보여줄 수 있는 다양한 활동을 했다. 그런데 이 이력서에는 세부 내용이 구체적으로 기재되어 있지 않아 지원자의 다양한 경험이 돋보이지 않는다. 따라서 어떤 일을 했는지, 어떤 상품이나 서비스를 홍보했는지, 어떤 방법을 사용했는지 등 구체적인 활동 내용을 제시하면 더 좋은 결과를 얻을 수 있을 것이다.

예를 들어 은행 서포터즈로 온라인 홍보 활동을 했다면, 다음과 같은 형식으로 정리할 수 있다.

- 신규 상품 홍보 콘텐츠를 블로그에 20회 게재, 일평균 500회 조회
- 20대 중후반 신입사원 대상
- '우수 서포터즈상' 수상

더불어 지원하는 직무에 현재 전공을 연결지을 수 있다면, 전공 밑에 특화된 내용을 1~2줄 정도 삽입하는 것도 강점을 드러낼 수 있는 방법이다. 이 지원자의 경우, 전공 부분 아래에 자신이 사용가능한 프로그램이나 데이터 분석법에 대해 1줄 내외로 작성해도 좋을 것이다.

사례 7. 두서 없는 이력서

OBJECTIVE

To obtain an administrative position in order to support publicizing Korea worldwide, with my understanding and interests of both Korean and foreign cultures.

EXPERIENCE

◆ Administrative Intern, K University

(Seoul, Korea — Dec 2015 - Dec 2016)

• Preparing and implementing workshops for education major students
• In charge of scheduling classes of education department
• Managing schedules of professors and part-time lecturers
• Assisting students with taking courses in education department
• Writing and sending documents

◆ Marketing Intern, C TV

(Seoul, Korea — Aug 2013 - Nov 2014)

• In charge of online and offline marketings
• In charge of channel's schedules
• Analyzing of viewer share
• Writing advertorials and articles

EDUCATION

◆ K University - Seoul, Korea
Bachelor of Arts, Majoring in Media studies — Mar 2011 - Feb 2016

◆ N University - UK
Exchange student program — Sep 2012 - Jan 2013

◆ K High school - Seoul, Korea — Aug 2007 - Feb 2010

◆ K High school - Exeter, UK
  Year 10 - 11, GCSEs — Feb 2006 - Jan 2007

ACTIVITIES

◆ C TV — Mar 2009 - Jul 2011
  · Producer of internet broadcasting system

◆ Citizen journalist of Ministry of Culture, Sports and Tourism
                                          — Jan 2010 - Dec 2010
  · Writing articles and making videos of ministry's events

◆ Stage manager of K University Avenue Festival
                                          — Apr 2010 - Sep 2010
  · in charge of performance on outdoor stage

SKILLS and CERTIFICATIONS

• OPIc(English Oral Proficiency Interview – Computer) — IH

• S COMMUNICATION MEMBERSHIP(marketing tasks com-
  petition) — Best Researcher(1st place)

• K UCC contest — 2nd place

• 2010 J UCC contest — Popularity award

형식이 깔끔하지 않아 아쉽다. 한마디로 '열심히 한 건 알겠는데, 정리되지 않아 한눈에 들어오지 않는 이력서'다. 신입사원으로 지원하는 경우 학력을 먼저 제시하고 다음으로 대외활동 항목을 쓰는 것이 일반적이다. 이 이력서는 대외활동 항목이 학력보다 먼저 제시되어 혼란을 준다. 각 제목과 날짜를 통일성 있게 구성할 필요도 있다. 이력서의 날짜를 살펴보면 어떤 부분에서는 날짜가 괄호 안에 들어가 있고, 어떤 부분은 괄호 없이 바로 제시된다.

계속해서 강조하지만 이력서는 회사 인사담당자에게 자신이 어떤 공부와 경험을 했고, 결과적으로 어떤 능력이 있는지를 보여주기 위해 작성하는 서류다. 이력서의 구성이 산만하면 열심히 한 활동들이 효과적으로 드러나지 않는다. 이처럼 형식이 통일되지 않으면, 아무리 좋은 내용이라도 빛을 볼 수 없다.

이 지원자는 케이블 방송국 인턴, 시민기자, 마케팅 공모전, UCC 공모전 수상 등 뉴미디어 관련 활동들을 다양하게 해봤다는 데 강점이 있다. 이 부분을 좀 더 구체적으로 제시해야 한다. 영상 제작이 가능해서 지금까지 다양한 콘텐츠를 직접 만들어왔고, 상도 받았다는 사실을 유기적으로 이어가며 글을 구성하자. 이때 영상을 몇 편이나 찍었는지, 상은 몇 번이나 받았는지를 구체적인 숫자로 작성하는 것이 중요하다.

지금의 내용처럼 제목만 보고는 지원자에 역량에 대해 판단하기가 힘들다. 온라인, 오프라인 마케팅을 책임지면서 했던 활동들도 성과 위주로 설명해주는 작업이 필요하다. 예를 들어 페이스북에서 이벤트를 했다면 그 내용은 성과와 함께 구체적인 내용을 기재해줘야 한다.

- '상품 홍보'의 목적을 달성하기 위해 '20대 여대생'을 타깃으로 '좋아요' 이벤트 진행
- 브랜드 노출이 '500뷰'에서 '2,000뷰'로 증가함

이처럼 공통점이 있는 경험들은 같은 범주로 묶고, 본인의 강점을 보다 구체적으로 보여주는 방향으로 이력서를 수정해야 한다.

단번에 눈에 띄는
잘 쓴 이력서

강조할 부분을 선택해야 한다

　다음으로 참고할 만한 이력서를 살펴보자. 이때 중요한 점은 형식을 참고해야지, 내용 자체를 따라 쓰면 안 된다는 것이다. 잘 쓴 이력서에서는 지원자의 강점이 눈에 잘 띈다. 중요하지 않은 내용은 간결하게 언급하고 넘어가기 때문이다. 형식도 통일되어 있어 깔끔하다. 형식 통일은 성의의 문제이다. 이력서를 완성한 뒤, 한 번만 출력해 살펴봐도 수정할 수 있기 때문이다.

　마찬가지로 사례의 대학교 이름 등 일부는 편의를 위해 가명을 사용했다. 또한 내용을 좀 더 자세히 확인할 수 있도록 이력서를 나누어 제시했다. 이력서를 실제로 문서 프로그램으로 옮기면, 본문 2페이지당 A4용지 1페이지 분량이 된다고 생각하면 된다. 눈여겨 살펴볼 내용은 밑줄 처리했다.

사례 1. 방향성을 갖고 탄탄히 경험을 쌓아온 이력서

학력사항

2015년 02월~ 2016년 12월	한국대학교 경영대학 금융공학 석사과정	서울특별시

- 블랙숄즈옵션가격 결정 모형을 이용, 델타헤징(Delta Hedging) 최적화
- 국채초과수익률 요인 분석, 거시 경제 요인과의 관계를 연구
- 블랙리터만 모델을 활용하여 ESG펀드를 구성하여 코스피 대비 20% 높은 수익률을 얻음

2008년 02월~ 2014년 02월	K University 수리경제학	US

- 수학과 경제학의 복합전공을 통해 계량경제 등 응용수학을 학습

2003년 03월~ 2006년 02월	한국고등학교	서울특별시

경력사항

2016년 07월~ 2016년 07월	대한금융투자, FICC운용본부 인턴, FICC전략팀/RP운용팀	서울특별시

- 미국 국채의 적정금리 수준 추정
- 국내 GDP 선행지수 추정 모델

2016년 06월~ 2016년 06월	대한투자공사, FICC운용본부 인턴, FICC운용팀	서울특별시

- 일간, 주간미팅 준비 및 참여
- 브렉시트에 대한 EU시장의 시나리오 조사 및 발표

2014년 12월~ 2015년 01월	대한은행 리서치센터 인턴, 기업분석팀	서울특별시

- 식음료 및 유통 기업 분석 및 자료 정리

　　　　　　　　　　• 기업별 관련 원자재 자료 조사

2012년 07월 ~　　대한증권, Fixed Income 세일즈/트레이딩　　　서울특별시
2012년 08월　　　인턴, 글로벌시장팀
　　　　　　　　　　• 중국발 "Shadow Banking"에 의한 거시경제 분석
　　　　　　　　　　• 미국의 "QE tapering"에 의한 채권시장 분석
　　　　　　　　　　• Fixed Income 관련 Bloomberg 교육

과외활동 및 수상경력

2014년 07월 ~　　기업가치 평가 및 주식 리서치 애널리스트 실무 프로그램
2014년 09월　　　엑셀을 이용한 기업가치 평가 모델링
　　　　　　　　　　다양한 기업 분석을 통해 리서치 리포트 작성

2012년 08월 ~　　한국 유학생 마케팅 스터디클럽, 부회장
2013년 12월　　　다양한 전공자들과 금융, 경제 관련 기사를 통해 심층 토론 및 발표

2012년 08월 ~　　계리사 클럽, 회원
2013년 12월　　　방과 후 교수님 및 수학전공 학생들과 보험수리학 연구를 진행

2008년 01월 ~　　코시어스 축구클럽, 회원
2013년 12월　　　미국 한인 학생 축구대회에서 선수로 활동하며 2010년 우승

기타사항

외국어　　　　영어 : 비즈니스 회화 능숙(OPI test AL)

컴퓨터　　　　매트랩(Matlab)을 이용해 Call, Put option 구현
　　　　　　　　엑셀 VBA를 활용한 파생상품 설계 및 가격결정

자격증　　　　Bloomberg Essentials Training Program(2013. 08)

연수내역	미국 어학연수 프로그램(2007. 04 ~ 2008. 01)
병역사항	육군 병장 만기 제대(2010. 08~2012. 05)
취미 및 특기	축구, 헬스, 크로스핏, 스키, 블랙잭

이 지원자의 이력서에는 전공, 인턴 경험, 대외활동 경험이 유기적으로 연결되어 있다. 전공과 대외활동으로 지식을 쌓고, 인턴 활동을 통해 다양한 경험을 쌓았으며 지원하는 직무와 산업을 미리 파악하기 위해 노력을 기울였다는 점을 알 수 있다. 회사에서는 지원하는 직무와 산업에 대한 사전 지식과 경험을 가진 지원자를 선호할 수밖에 없다. 이미 업계의 분위기를 겪어본 만큼 일을 잘할 가능성이 상대적으로 높기 때문이다.

이처럼 무작정 많은 경험을 쌓는 것보다 방향을 잡고 비슷한 경험을 꾸준히 쌓는 편이 취업에 훨씬 더 유리하다. 이 지원자의 이력서는 인턴 활동을 비롯한 대외활동 등이 '금융'이라는 방향으로 흐르고 있다. 이처럼 자신의 경험 중 지원 회사나 직무에 전혀 연관시킬 수 없는 것이 있다면 과감하게 제외하는 용기도 필요하다.

문장 역시 간결하게 구성하면서도 자신이 어떤 일을 했는지, 무엇을 알고 있는지를 피력했다. 많은 지원자들이 과외 활동이나 수상경력의 '제목'만 적는 경우가 많다. 그러나 직무와 연관되는 활동인 경우, 이 예시 이력서에서 '미국 국채의 적정금리 수준 추정', '브렉시트에 대한 EU시장의 시나리오 조사 및 발표', '식음료 및 유통기업 분석 및 자료 정리' 등으로 언급한 것처럼 한 줄 정도로 어떤 일을 했는지 명시해주는 편이 훨씬 좋다. 그래야 보는 사람 입장에서 이게 무슨 활동이었는지, 지원자가 어떤 성과를 얻었는지 등을 직관적으로 파악할 수 있기 때문이다.

다만 이력서가 긴 편이라는 것이 흠이라면 흠이다. 특히 학력 사항과 관련된 내용이 길다. 앞에서 언급한 것처럼 이력서의 학력 사항에서는 졸업한 학교와 전공, 학점 정도만 간단히 쓰고, 아래와 같이 주요 연구 분야 정도만 언급하는 것이 적절하다. 관련 내용을 언급하고 싶다면 대신 자기소개서로 내용을 옮겨, 이런 부분들을 공부하며 전문성을 키워왔다고 서술하면 된다.

- 블랙숄즈옵션가격 결정 모형을 이용, 델타헤징(Delta Hedging) 최적화

- 국채초과수익률 요인 분석, 거시 경제와의 관계를 연구

- 블랙리터만 모델을 활용해 ESG펀드로 코스피 대비 20% 높은 수익

→ 블랙숄즈옵션가격 결정 모형을 이용, 델타헤징(Delta Hedging) 최적화

주요 경력 및 관심분야

• 한국대학교 금융 MBA 과정 재학 중

  (Concentration : 계량 분석 및 주식/파생상품)

• 관심분야: 자산운용사 통신/IT 섹터 리서치 및 주식 운용

  (개인 투자 경력 6년, CFA level 2 Candidate)

경력사항

SIF(STUDENT INVESTMENT FUND) : 대학생 학생 투자 펀드	서울특별시
(AUM : 10억원)	(2016/01 −
주식운용2팀, 팀장	2016/11)

• 중/소형주 중심 Earning Momentum 모델 연구 및 투자 :
Benchmark(KOSDAQ) 대비+8.29%

한국은행(국내/해외 MBA INTERNSHIP PROGRAM)	서울특별시
CIB(기업/투자은행) PSG(공기업 영업부), MBA 인턴	(2015/06 −
	2015/08)

• 한국전력, 한국수출입은행, 한국가스공사 등 부서 대표 고객 기업 30
곳에 대한 CA(Credit Approval : 신용평가서) 작성

- 산업 분석 및 기업 세부 분석(Overview, Management, Financial Ana-
lysis 등)

- 분석 결과 기반 그룹 내 ORR(Obligor Risk Rating : 고객 기업 신용 등급)
산출

한국패브콘 : PC(PRECAST CONCRETE) 시공 전문 건설업체	서울특별시
(직원 수 : 10명, 연 매출 : 약 50억 원)	(2013/03 −
재무/회계, 사원	2014/09)

• 재무/회계 업무 : 예산 수립 및 집행, 회계/세무 업무 및 재무제표 작성

• 입찰 지원 : 주요 도급업체(삼성물산, GS건설 등) 입찰 금액 산정 및 입찰

- 1년 6개월간 20여 건 낙찰

한국텔레콤, NETWORK 부문
통합전송Solution팀, 매니저

서울특별시
(2012/01 –
2013/02)

- 외부 연동 ISP망(Internet Service Provider Network) Solution 제공 및 해외 모바일 사업자 간 Roaming Network 연동
- 국내 최초 LTE망 Launching 참여 : 둔산 Internet Gateway Router 설치 및 전국 망 연동 솔루션 제공(2011년 7월)
- 스마트폰 트래픽 폭증 관련 신규 Routing Solution 도입을 통한 ISP 망 비용 절감(46억 원, 2011년 9월)
- 일본(KDDI, NTT Docomo), 베트남(S-Fone) 통신 사업자와의 협업을 통한 신규 Data Roaming / VPN망 연동
- B2B 신규 서비스 관련 기술 PM 수행 : 현대중공업(15억 원) 및 건강보험공단(7억 원) 사내 Network 구축 Solution 제공

학력사항

한국대학교 경영전문대학원
경영학 석사 과정(Finance MBA)

서울특별시
(2015/01 –
현재)

- 입학 우수 장학금(2014년 2월) 및 성적 우수 장학금 수상(2014년 8월)

한국대학교 공과대학
전기전자공학 전공(GPA : 3.77 / 4.3)

서울특별시
(2003/03 –
2010/02)

- KOSEF(한국과학재단) 전액 장학금 수상(2007년) / 성적 우수상(2007년) 및 성적 장학금 수상(2003년, 2008년)
- 교환학생 프로그램 수료(K University, 미국) : 1학기 이수(2008년)

- 금융 관련 자격사항: 투자자산운용사, CFA Level 2 Candidate
- 외국어: TOEIC 985, TOEFL 105 및 회화 능숙(해외 모바일 사업자 간 Coordination 경험 풍부)
- 병역사항: KATUSA 근무, 병장 만기 제대(2004년 10월-2006년 10월)

기타 사항

- 컴퓨터: MS Office 운용 능숙, 통계 및 금융 모델 프로그래밍 가능(VBA, SAS, C++)
- 취미 및 특기: 스노보딩, 탁구

이 이력서는 경력사항을 구체적이고 일목요연하게 정리했다는 점에서 훌륭하다. 일했던 회사들에서 어떤 역할과 일을 했는지와 더불어 성과 혹은 기대효과(비용절감)를 구체적인 숫자를 사용해 기술했다. 이 지원자의 이력서를 보면 학생 투자 펀드에서 팀장으로 활동하며 중소형주를 중심으로 투자해 좋은 투자 순익을 얻었다는 사실, 은행에서 인턴으로 기업 30여 곳의 신용평가서를 작성했다는 사실 등이 한눈에 보인다.

신입으로 지원한다면 인턴 경험을 기술할 때 이 지원자의 사례를 응용해보면 도움이 될 것이다. 인턴이나 아르바이트로 기업에 입사할 경우 주로 자료 조사를 맡게 된다. 그때 어떤 내용의 자료를 조사했는지, 자료를 분석했다면 총 몇 건의 리서치 보고서를 작성했는지 등을 숫자로 기술하면 된다. 단, 여기서 거짓말을 하거나 본인의 성과를 지나치게 과장해서는 안 된다.

이 지원자는 학력사항도 '자랑'을 잘한 편이다. 대학교와 대학원에서 성적 우수상을 받은 사실을 학력사항에 짧게 기재해 '성실성'으로 표현될 수 있는 본인의 강점이 이력서에서부터 드러날 수 있게 구성하였다. 사실 지원자들은 성적 우수상을 이력서에 기재하지 않는 경우가 많다. 가장 큰 이유는 '흔하기 때문에 이력서에 기재해도 큰 도움이 안 된다고 생각해서'이다. 그러나 성적 우수상은 공부를 잘했다는 사실은 물론 성실함까지 보여줄 수 있는 좋은 도구다. 장학금을 받으며 성실하게 학교생활을 했다면 이와 같이 당당히 드러내면 좋다.

아쉬운 점이 있다면, 국문 이력서인데 영어를 많이 썼다는 점이다. 국문 이력서라면 한글로 쓸 수 있는 부분은 가능한 한글화하는 편이 좋다. 벤치마크Benchmark, 데이터 로밍Data Roaming, 네트워크Network, 솔루션Solution 등의 영어 단어는 모두 한국에서도 두루 쓰이고 있는 외국어인 만큼 한글로 풀어쓰면 가독성을 높일 수 있다.

사례 3. 본인의 강점을 분명히 드러낸 이력서

EDUCATION

K University March 2012 - Present

Seoul, Republic of Korea

- B.A. degree expected June 2016
  - Honors : Dean's List (Spring Semester 2015, Fall Semester 2015)
- Double Majors : Public Administration and Political Science

T Universität Tübingen April 2014 – February 2015

Tübingen, Baden-Württemberg, Germany

- Studied politics of Europe and learned German as an exchange student for one year.

WORK EXPERIENCE

Official Diplomat June 2015 – August 2015

Mitsubishi Corporation, Tokyo, Japan

- Selected as a Korean student diplomat and attended conferences in Tokyo for one week to celebrate 50 years anniversary after normalization of diplomatic relations between Korea and Japan.
- Successfully made a presentation in Tokyo as a representative of 20 Korean student diplomats about 'How Japanese Corporation can settle down in Korean industrial system'.

Translator April 2014 – February 2015

Korean Studies Department, Eberhard Karls Universität Tübingen, Tübingen, Germany

- Assisted Professor Euna Kim to translate her Korean thesis paper 'Korean for foreigners Ⅰ, Ⅱ, Ⅲ' into English.

Office Manager June 2014 - August 2014

International Work Camp Organization, Raufarhofn, Iceland

- Managed volunteers and lead groups to promote events through flyers and SNS to improve awareness on nature.
- Volunteered to develop a community located near the Arctic Circle for 104 hours during 2 weeks.
- Duties: Helping in construction site, carrying and stacking bricks, painting walls, providing warm meals to homeless.

Office Assistant December 2013 – February 2014

Museum of Natural History, Seodaemun-gu, Seoul, Republic of Korea

- Supported office scheduling and assisted with management of staff itineraries using MS Excel for office database management and responded to phone and email inquiries

Interpreter October 2012 - November 2012

Incheon Asian Game Organization Committee, Incheon, Republic of Korea

- Interpreted Korean committee meetings into English for a representative of Republic of Oman in Asian Game.

EXTRA ACTIVITIES

Mentor August 2015 – December 2015

Dawoori, Seoul, Republic of Korea

- Gave tips and tricks to freshman students about getting used to university life every week for one semester.

Teaching Assistant April 2014 – February 2015

Korean Studies Department, T Universität Tübingen,Tübingen, Germany

- Taught Korean to German students while assisting classes and answered questions twice a week for two semesters.

President June 2012 – June 2013

PEACE Buddy, Seoul, Republic of Korea

- Made a matching list of 600 foreign exchange students and 65 Korean buddies each semester so that foreign students can well adapt to Korean university life with Korean buddies' assistance.

- Scheduled and planned field trip, movie day, bake sale, I-party for 700 students and led monthly meetings.

Education Volunteer June 2012 – August 2012

Children Shelter, Gyeonggi-do, Republic of Korea
- Taught English, Mathematics and organized outdoor activities for homeless and neglected children.

Actor March 2012 – June 2012

Musical love, Seoul, Republic of Korea
- Acted in musical ⟨Greece⟩ in Spring Festival and attended 4 hours acting session every Wednesday night.

PROFESSIONAL SKILLS

Computer Skills : Microsoft Office Specialist Master 2013(Excel, PowerPoint, Word)

Languages : Native English, Native Korean, Intermediate German

Fluent English
- TOEIC(985/990) - Valid until May 2018
- TOEIC SPEAKING(200/200) - Valid until August 2018
- Attended high school in USA with full scholarship from U.S. Department of State

Intermediate German
- Acquired ZD(Goethe Zertifikat) B1 and completed B1 courses in T Universität Tübingen.

기본을 지키는 깔끔한 형식이다. 직무와 연관된 경험들과 학교 대외활동 경험을 잘 구분해 적었다. 대외활동에 쓸 내용을 경력사항에 쓰거나 반대로 경력사항에 써도 괜찮은 직무 연관 활동을 대외활동에 쓰는 경우가 많은데, 이처럼 영역 구분을 잘 해주는 것만으로도 쉽게 읽힌다.

내용 면에서는 강점이 잘 드러나는 이력서이다. 해외 기업 방문과 아이슬란드의 봉사 활동 등 다양한 경험을 회사의 직무와 연결 짓고, 강점으로 강조하기 위해 최대한 구체적으로 드러냈다. 예를 들어 해외 기업 방문의 경우에는 그 사실만을 적은 것이 아니라 '선발되었고selected', '학생 대표로 프레젠테이션을 진행하였으며 successfully made a presentation as representative' 등의 표현을 사용해 자신의 성과를 드러냈다. 아이슬란드에서의 봉사활동 역시 'SNS를 통해 자연에 대한 의식을 높이기 위해 노력했다SNS to improve awareness on nature' 등 활동의 목적과 실행 방법, 성과를 구체적으로 명시했다.

이처럼 꼭 인턴을 하지 않았더라도 자신의 경험을 통해 문제를 어떻게 해결했고, 그로 인해 도출할 수 있는 자신의 강점은 무엇인지 등을 구체적으로 서술하는 것이 관건이다. 인사담당자로 하여금 자신이 무엇을 잘할지 상상하도록 만들기보다는 직관적으로 알 수 있도록 구성하자. 결국 이 이력서를 통해 지원자는 해외 취업에 성공했다.

사례 4. 지원하는 산업에 맞춤화된 이력서

EDUCATION

Mar 2012-   K University   – Seoul, Republic of Korea
Jun 2015   • Major: B.S in Statistics (GPA: 3.68/4.5)
              • Double Major: Business Administrations
              • Related Courses: Statistics for Business, Financial
                Management, Regression Analysis

Apr 2014-   G University Frankfurt(Visiting Student)
Aug 2014   -Frankfurt, Germany
              • Courses: Market Research, Behavioral Game Theory,
                Behavioral Economics&Business Ethics

Sep 2014-   T Universität Darmstadt(Exchange Student)
Mar 2015   – Darmstadt, Germany
              • Courses: International Financial Reporting, International
                Trade and Investment, Transport Network Economics,
                Finance and Energy

PROFESSIONAL EXPERIENCE

Jan 2015-   Intern, D Economic Research Institute
Feb 2015   – Seoul, Republic of Korea
              • Worked in the Corporate Governance team
              • Analyzed business reports of 300 listed companies to
                manage the DB of board of directors and formalized
                structure of the corporate governance of each company.
              • Assisted with creating analysis reports for the general
                meetings of stockholders.
              • Improved the template of reports by modifying
                arrangements and adding units.

| Mar 2013 - | Teaching Assistant | – Seoul, Republic of Korea |
| Jul 2013 | |

Mar 2013 -
Jul 2013
Teaching Assistant   – Seoul, Republic of Korea
- Top grade in Statistics for Business class
- Assessed homework and exams with the grading standard which I established.
- Run tutoring session solving exercise questions.

EXTRA CURRICULAR ACTIVITIES

Jun 2015 -
May 2015
Student Ambassador   – Seoul, Korea
- Provided campus tour to 1,000 visitors annually.
- Acted as a web team(10 members) leader, managing publicity activities(monthly web-magazine, advertisement video, web site).

Dec 2014 -
Feb 2014
Medical Volunteering, Vietnam   - Seoul, Korea
Member of Medical Care volunteering team(25 members).
- In charge of fund, planned spending and managed cash more than ₩40,000,000.
- Assisted doctors, measured blood pressure and temperature, served public service

Mar 2013 -
Dec 2013
Education Volunteering, A middle school
                                          - Seoul, Korea
- Operated after-school math class for social care students(7th -8th grade).

ADDITIONAL SKILLS & INFORMATION

- Languages : Fluent in Korean and English(TOEIC : 975)
- Computer skills : High proficiency in Microsoft Office applications (Word, Excel, Power Point), ARENA

이력서에는 지원자가 어떤 산업이나 직무를 지원하고 있는지 분명히 전달하는 역할도 있다. 직무를 위해 지금까지 준비해온 내용과 자신의 역량을 명확히 보여주면, 인사담당자에게 분명한 인상을 남길 수 있다.

이 지원자는 금융권 혹은 일반 기업의 재무/회계팀으로 취업하기 위해 준비하고 있는데, 그 사실은 이력서만 봐도 알 수 있다. 비즈니스통계Statistics for Business, 재무관리Financial Management 등 수강 교과목에서부터 증권회사에서의 인턴 경험까지, 이력서가 해당 직무를 위한 내용들로 채워져 있다는 점이 눈에 띈다. 베트남 의료 봉사 경험 부분도 '4,000만 원 이상을 관리했다managed cash more than ₩40,000,000'는 내용을 넣어 직무와 연결시킨 점도 주목할 만하다.

또한 대학교에서 조교로 활동하면서도 우수한 성적을 유지했다는 사실을 언급해 성실함을 보여줬다. 자신이 직접 신입생들에게 도움을 주기 위해 작은 수업을 운영했다는 점을 밝혀 고객의 눈높이에서 재무와 회계에 대해 설명할 수 있다는 점을 언급한 것도 훌륭하다.

'300개 기업', '1,000명의 방문자', '400만 원 이상' 등 본인의 성과를 구체적인 숫자로 기술한 것도 인사담당자들에게 강한 인상을 남길 수 있는 부분이다.

사례 5. 리더십과 전략적 사고를 잘 드러낸 이력서

EDUCATION

Mar 2012 -   K University   – Seoul, Korea
Feb 2016   • Bachelor's degree in Political Science and International
                 Relations(GPA : 4.09/4.3)

               • Free major Program : Integrated Studies of Culture
                 (interdisciplinary course program for selected top 30 students in
                 class year)

Sep 2014 -   M College(Year Abroad)
May 2015   - Massachusetts, USA
               • Certificate in Asian Studies with Distinction(GPA : 3.96/4.0)

               • Published a Japanese newsletter "'East Japanese' for
                 Newcomer's to Japan"

EXTRA CURRICULAR ACTIVITIES

Feb 2016 -   H College in Asia Program Seoul Conference,
Mar 2016   Public Relations and Lecture Outreach Chair
                                                   – Seoul, Korea
               • Led a week-long conference for university students in
                 Seoul and delegates in March for academic, cultural and
                 social exchange

               • Channeled interactive communication to prospective
                 participants, resulting in 200% increase in application
                 and extended partnership with H University

               • Organized 6 lectures related to technology and current
                 issues of Korea, including high-end medical treatment
                 and North Korea, by call-to-call, email and visit

| Jun 2015 - Jul 2015 | H Summer School in Seoul Program, Student Producer — Seoul, Korea |

Jun 2015 -
Jul 2015
H Summer School in Seoul Program,
Student Producer   – Seoul, Korea
- Created 8-minute-long video investigating the question of identity for Koreans raised abroad
- Incorporated 10 interviews of ethnic Koreans under the project subject matter and context, resulting in winning the Best Investigative Film award

Mar 2013 -
Jun 2015
Debate Association, President   – Seoul, Korea
- Executed twice-a-week internal and joint practice sessions for 30+ club members, total of 100 hours and participation in 4 international tournaments and workshops annually
- Designed recruitment strategy and training curriculum for 20+ new members, increasing application rate by 200% and reducing turnover rate by 150%

HONORS & AWARDS

Apr 2016
1st place in the 6th Japanese Speech Contest
                                    – Massachusetts, USA
- Won the intermediate division of the annual Japanese language contest, hosted by the Consulate General of Japan Boston

Apr 2015 -
Nov 2015
2nd place in National Debating Championship
                                    – Seoul, Korea
- Two times finalist of English as a Foreign Language League, at KIDA National Championship hosted by Korea Intervarsity Debating Association

	• Represented Korea twice at World University Debating Championship(2014, 2015)
Mar 2015 - Present	Dean's List for every semester – Seoul, Korea • Scholarship for 6 times for academic excellence, leadership and study abroad

SKILLS AND OTHER INFORMATION

• Languages : Native Korean, Fluent in English, Proficient in Japanese(JLPT N2), Elementary Arabic

• Computer skills : Proficiency in Microsoft Office applications (Word, Excel, PowerPoint)

• Interests : Enjoy jogging, Learning foreign languages, Reading and Traveling

이 지원자는 인턴이나 아르바이트 같은 실무 경험은 없다. 대신 대외활동을 하며 본인이 얼마나 적극적으로 활동하고 리더십을 발휘했는지를 강점으로 드러냈다. 특히 지원하는 직무와 관련된 항목을 구체적으로 제시했다.

이처럼 꼭 실무 관련 경험만이 취업에 유리한 것은 아니다. 자신이 가진 경험 중 회사나 직무에 맞는 내용은 분명히 존재한다. 이런 강점을 찾고, 직무의 특성에 연관시켜 정확히 표현하면 된다.

이 지원자는 컨설팅 직무에 지원하고 있다. 컨설팅 직무에서 특히 중요하게 생각하는 '논리적이고 전략적 접근' 부분을 본인의 강점으로 보여주기 위해 노력한 부분이 보인다. 우선 토론 대회에서 수상을 했다는 사실이나 프로그램 진행 시 어떻게 전략적으로 접근했는지, 본인은 무엇을 하였는지를 구체적으로 서술했다. 그중에서도 리더십을 비롯한 강점 역량을 숫자를 활용해 이력서에서 제시하고 있다.

예를 들어 토론회 활동을 '30명이 넘는 회원30+ club members', '100시간100 hours', '4번의 국제 토너먼트4 international tournaments' 등 규모를 정확하게 언급했다. 또한 토론회 회장으로서 역할 수행 결과도 '지원서 비율은 200% 이상 늘어났으며, 그만두는 회원의 비율은 150% 줄었다increasing application rate by 200% and reducing turnover rate by 150%'고 숫자로 언급했다. 경험을 직무에 맞춰 의미를 부여한 것은 물론 이력서 구성 자체로 자신이 논리적인 사람이라는 사실을 보여준 예다.

일반적인 양식의 이력서 형식을 탈피했다. 한눈에 봐도 디자인에 신경 쓴 이력서이다. 외국계 패션 및 화장품 회사의 마케팅 직무에 지원하는 이 지원자는 관련 업계에서 인턴으로 일한 경험을 통해, 이런 회사에서는 미적 감각을 중요하게 생각한다는 것을 알게되었고, 자신만의 이력서를 직접 디자인했다고 한다.

단순히 화려하고 예쁘다고 좋은 이력서는 아니다. 지원하는 분야가 포토샵 능력 등 이미지를 편집하는 능력이 필요한 곳이기 때문에 눈에 확 띄는 이력서가 가점 요소였다. 다시 한 번 강조하지만 내용 없이 예쁘기만 한 이력서는 결코 좋은 이력서가 아니다.

또한 모바일 등에서 자주 사용되는 아이콘을 사용해 이력서를 간결하게 표현한 점과 능력사항Professional skill과 자신의 강점Personal skills 부분을 그래프로 시각화해 보기 쉽게 구성한 것도 눈에 띈다.

예쁜 형식과 더불어 내용 구성도 깔끔하다. 한 가지 항목이 한 줄을 넘지 않아서, 이력서를 보는 인사담당자가 지원자의 활동 내역을 한눈에 확인할 수 있다. 이처럼 이력서의 문장은 가능한 한 한 줄을 넘어가지 않도록 구성해야 깔끔하다. 자신이 지금까지 해온 경력사항과 강점 역량에 대해서 정확히 보여주고 있는 점도 큰 힘이 된다.

이력서를 잘 쓰고 싶다면?

· 회사 관점에서 중요한 정보를 위주로 구성하기
· 대학 생활 중 이수한 과목이나 프로젝트 중 중요 사항만 기재하기
· 숫자를 사용해 내용을 구체적으로 제시하기
· 비문과 오타를 경계하기
· 직무 경험이 있다면 구체적으로 서술하기
· 수상내역 등은 주최 기관과 성과를 정확하게 쓰기
· 역량과 관련된 내용은 결과부터 제시하기
· '학력 - 직무 경험 - 대외활동 - 자격증'의 순서로 작성하기
· 하나의 글머리표에 한 줄로 구성하기
· 줄 간격 등 서류의 형식을 전체적으로 통일하기

내용도, 문장도
간결하고 정확해야 읽힌다

'1장짜리 보고서'가 능력이다

모바일 시대를 살고 있는 우리는 글도, 영상도 짧은 것에 익숙하다. 모바일에서 클릭을 유도하기 위해 승부를 걸어야 하는 시간은 3초다. 3초 안에 재미있거나 감동을 주거나, 공감을 얻지 못하면 콘텐츠의 의미는 사라진다. 유튜브에서 동영상을 볼 때 나오는 광고도 몇 초 안에 흥미를 느끼지 못하면 바로 '건너뛰기'를 누르지 않는가.

회사도 마찬가지다. 회사에서 경영진에게 보고할 때는 가능한 한 1장으로 압축시켜 보고한다. 경영진은 "그래서 결론이 뭐야?"라고 바로 묻기 때문이다. 좀 더 자세한 내용이 알고 싶다고 하면 그때 세부정보를 보여주면 된다. 그렇기 때문에 회사에서는 간결하게, 핵심만 담은 보고서를 작성하는 사람이 일 잘한다는 소리를 듣는다.

그들의 시각에 맞춰 자기소개서나 이력서도 간결하게 작성해야 한다. 잘 정리된 문서는 '입사 후에도 일을 잘할 것 같은 인재'라는 느낌을 주기 때문이다. 이때 내용과 형식을 모두 짧고 간결하게 구성하는 것이 중요하다.

하나의 질문에 하나의 소재만 택해라

한 인사담당자는 자기소개서에 핵심을 담아야 한다고 강조했다.

"핵심만 짧게 소개해서 자신을 키워드로 기억할 수 있도록 자기소개서를 써야 해요. 수천 명의 지원자 가운데 자신을 꼭 뽑아야 한다고 설득하려면 일단 인사담당자의 기억에 남아야 합니다. 자신의 경력이나 경험 중 가장 자랑할 만한 단 한 가지를 고르는 선택 능력이 필요합니다."

이처럼 하나의 질문에 가급적 한 가지 소재만을 사용하되, 그 내용은 기승전결을 갖춰 구성해야 한다. 읽는 사람 입장에서는 10가지, 100가지 의미 없는 나열보다 이야기처럼 쏙쏙 들어오는 1가지 사례가 훨씬 더 흥미롭기 때문이다. 하나의 이야기를 구체적으로 풀어쓰면, 우리가 어떤 사람인지에 대해서도 좀 더 효과적으로 설명할 수 있다.

'이런 일도 해봤고, 저런 일도 해봤다'는 식으로 지금까지의 경험을 나열하게 되는 가장 큰 이유는 이렇게 많은 경험을 했으니 입사해서도 잘할 수 있다고 강조하기 위해서다. 그러나 이런 글은 무엇보다 재미가 없다. 기억에 남지 않으니 굳이 면접까지 불러 물어보고 싶은 말도 없다. 자랑거리가 많다고 늘어놓지 말자. 대신 단 한 가지의 경험을 통해 자신을 키워드로 표현하고, 기억에 남도록 만들어야 한다.

〈자기소개서〉

자신의 강점

사례 1. 저의 인생은 프레젠테이션의 연속이었습니다. 유년기에는 피아노를 능숙하게 친 덕분에 무대에 올라 많은 관객에게 저를 보여주었습니다. 학창 시절에는 항상 영어 말하기 대회에 출전하였습니다. 대학에서는 단체 과외를 했고, 수업시간에는 주로 영어로 프레젠테이션을 했습니다. 교환 학생으로 떠난 미국에서는 학교의 유일한 한국인으로서 크로스컨트리 팀에서 활동했습니다.

사례 2. 저는 스트레스를 즐길 줄 아는 사람입니다. '피할 수 없으면 즐겨라'라는 좌우명에서 비롯된 긍정적인 마음가짐 때문입니다. 이러한 마음가짐은 제가 어려움을 마주했을 때마다 끈기를 가지고 계속 도전하며, 결국 극복해내는 원동력이 되었습니다.

2008년 미국 유학 시절, 저는 자연의 지형지물을 이용해 달리는 교내 크로스컨트리 팀에서 활동했습니다. 입단한 지 약 한 달 만에 참가한 대회는 주로 평지에서 진행했던 연습과 달리 산지를 5㎞ 이상 달려야 하는 험난한 여정이었습니다. 한계에 도전한다는 생각으로 결승선을 향해 달렸습니다. 결국 300여 명의 선수 중 30여 명의 중도포기자를 제외하고 마지막으로 결승선을 통과했습니다. 이런 목표를 향한 끈기와 도전 정신으로 이 회사의 목표 달성이 가능하게 하는 사람이 되겠습니다.

'강점'을 묻는 자기소개서 항목에 대한 두 가지 예시를 보자. 어떤 글이 더 흥미로운가? 혹은 잠시 책을 덮고, 각각의 지원자들에 대해 어떤 키워드가 떠오르는지 생각해보자. 필자는 두 번째 사례가 훨씬 더 흥미롭게 읽힌다. 지원자가 도전했던 당시 상황이 머릿속에 그려지고, 끝까지 포기하지 않고 노력한다는 강점도 유추할 수 있다.

반면 첫 번째 사례에서는 잘하는 게 많다는 식의 '잘난 척'이 더 강하게 느껴진다. 그 다양한 경험들로 인해 배운 점은 무엇인지, 제일 잘할 수 있는 일은 무엇인지가 명확히 와닿지 않는다.

간결하고 명료하게 구성하라

소재를 정했다면, 문장을 짧고 명료하게 구성해야 한다. 무엇보다 결론부터 써야 한다. 인사담당자는 수많은 이력서를 검토하기 때문에 하나의 이력서에 오랜 시간을 투자하지 않는다. 처음 몇 문장을 읽어봤는데 답이 나오지 않으면 바로 다음 이력서로 넘어가 버리고 만다.

잡코리아에서 2016년 상반기 신입직 채용을 진행한 기업의 인사담당자 198명에게 '못 썼다'고 느낀 서류에 대해서도 물어봤다. 인사담당자 중 61.1%가 문장이 산만하고 길어 무엇을 말하려는지 이해하기 어려운 서류를 1위로 꼽았다.

우리는 문장이나 내용을 길게 늘여쓰는 실수를 자주 한다. 경험

인사담당자가 '못 썼다'고 느끼는 서류

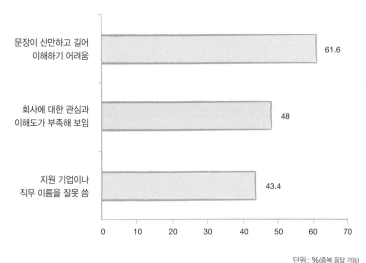

단위: %(중복 응답 가능)

자료: 잡코리아

을 강조하고 싶어서, 간절한 마음에, 성의를 보여주기 위해 등 이유는 다양하다. 그러나 우리가 웹툰 볼 때를 떠올려보자. 1화에서 무슨 내용인지 이해가 잘 가지 않거나 오랜만에 읽었는데 앞 내용이 기억이 나지 않는 경우, 꾹 참고 다음 화를 읽거나 앞 내용을 찾아보는가? 보통의 경우에는 포기해버리고 만다. 회사에서 당신의 이력서를 읽고 있는 그들도 마찬가지다.

잘 읽히는 글은 대부분 짧은 문장으로 되어 있다. 한 문장이 두줄, 세 줄을 넘어가면 앞 내용이 기억나지 않는다. '정말', '너무', '무척이나', '그다지' 등 부사어나 '이렇게', '저렇게', '그', '이' 등 지시대명사도 문장을 늘리는 주범이다. '그래서', '그리고', '및' 등 접속사도 가능한 한 빼야 한다.

문장을 간결하게 다듬을 수 있는 방법은 무엇일까? 먼저 문장에서 필요 없는 대명사나 접속사, 부사어를 뺀다. '~는데', '~해서' 등 접속사로 이어진 문장도 두 문장으로 나눠본다. 다음으로 천천히 읽어보면서 의미가 이어지지 않는 부분만 다시 연결하면 된다. 문서를 출력해 소리 내어 읽어보면 어색한 부분을 더욱 쉽게 찾을 수 있다.

오타나 틀린 맞춤법을 찾아내는 것도 중요하다. 맞춤법에 자신이 없다면 인터넷의 힘을 빌려도 좋다. 부산대학교 인공지능연구실에서 제공하는 '한국어 맞춤법 검사기(speller.cs.pusan.ac.kr)'를 추천한다.

자기소개서 항목에 200자, 300자, 500자 등으로 글자 제한을 두는 이유는 최소한 이만큼은 써야 한다는 것이 아니라 말 그대로 짧게 쓰라는 뜻이다. 핵심만 잘 전달하면 글자 제한에 못 미치는 글을 쓰더라도 합격할 수 있다.

단 처음부터 글자 수에 맞춰 쓰려고 하면 어렵다. 처음 서류를 작성할 때는 글자 수나 장 수에 제한에 두지 말고 구체적으로 써내려 가자. 그 다음 지원하는 회사에 맞춰 보여주고 싶은 강점, 인사담당자들이 궁금해할 부분 위주로 내용을 줄이고, 군더더기를 삭제하면 된다. 글은 여러 번 보면 볼수록 간결하고 매끄러워진다.

글을 간결하게 다듬어 보자

· 필요 없는 대명사, 접속사, 부사어 빼기
· 접속사로 이어진 문장은 각각 다른 문장으로 나누기
· 천천히 읽어보며 어색한 부분을 수정하기
· 오타나 틀린 맞춤법을 찾아 고치기

상식을 지키는 이력서가
좋은 이력서이다

마지막으로 아무리 훌륭한 내용이라도 읽을 사람을 생각해, 보기 쉽게 정리해야 한다는 사실을 잊지 말자. 이왕이면 다홍치마라고 '보기 좋은' 서류가 읽기도 좋다. 같은 음식이라도 예쁜 그릇에 담겨 있으면 더 먹음직스럽고, 똑같은 상품도 포장을 어떻게 하느냐에 따라 가치가 달라진다.

이력서, 자기소개서도 마찬가지다. 아무리 훌륭한 내용을 담고 있다 하더라도, 형식이 상대방의 상식과 맞지 않으면 상대가 읽어주지 않는다. 파워포인트나 포토샵 등으로 창의적인 형식이나 시각적으로 아름다운 서류를 만들라는 뜻이 아니다. 기본적인 규칙을 잘 지켜 서류가 전체적으로 통일되어야 한다는 뜻이다.

우리가 소개팅을 할 때를 떠올려보자. 사실 소개팅에서 가장 먼저 인지하게 되는 부분은 바로 상대방의 외모이다. 성격이나 학벌 등은 다음 문제다. 그런데 소개팅에 나온 상대의 외모가 상상과 너

ABCDE 원칙

정확하게(Accurately)	정보를 부풀리지 말고 정확하게 쓰기
간결하게(Briefly)	내용과 문장을 명료하게 구성하기
의미 있게 (Connecting the Dots)	경험을 지원하는 회사와 직무에 연결시키기
구체적으로(Detail)	숫자를 활용해 경험을 구체적으로 언급하기
읽기 쉽게(Easily)	보기 쉽고, 읽기 좋게 쓰기

무 다르다면 어떨까? 자리에서 벗어나고 싶은 마음이 들 뿐이다.

취업에서는 서류가 바로 외모의 역할을 한다. 글씨체나 글씨 크기, 줄 간격, 문단 정렬 등이 틀리면 누구나 알아챌 수 있을 정도로 눈에 확 들어온다. 게다가 서류를 수없이 봐온 인사담당자들은 글의 구성 순서, 오타까지 단번에 알아챈다. '붙여넣기' 한 탓에 회사명이 다르거나 서류가 끝도 없이 길게 이어진다면 더 볼 것도 없이 거기서 끝이다. 우리들만의 콘텐츠와 이야기를 읽게 만들려면, 일단 그들이 보기 편한 형식을 갖춰야만 한다.

지금까지 읽고 싶은 서류, 나만의 이야기가 담긴 서류를 쓰는 원칙들을 알아봤다. 이를 알파벳 순서인 'ABCDE 원칙'으로 다시 한 번 정리해보자.

나만의 이야기가 담긴
특별한 지원동기

'왜 이 회사에 다니고 싶은지'를 말하는 지원동기는
자기소개서 중에서 가장 중요한 부분이다. 인턴, 교
환학생 등의 경험을 실제 지원동기로 풀어낸 예시를
함께 살펴보자.

유통 업계에서의 인턴 경험으로
금융회사에 지원하다!

대형 마트에서 약 7주간 영업 관리직으로 하계 인턴을 하면서 영업 능력을 키울 수 있었습니다. 특히 3주 동안은 영업 지점에서 현장실습을 하며 선풍기 판매를 전담하였는데, 저는 상품에 대한 철저한 학습과 친절한 상담을 기반으로 실습 기간 동안 소속 지점의 판매 전표 건수 1위를 달성했습니다.

저는 이렇게 쌓은 영업 능력을 이 회사를 통해 현장에서 발휘하고 싶어 지원하게 되었습니다.

식품회사 인턴 경험을
영업 전략 직무에 연결하다!

저는 식품회사에서 인턴으로 활동하며 정량적인 데이터와 정성적 지표를 통합하고 분석했습니다. 그 결과로 신제품을 출시하는 데 기여한 경험이 있습니다. 당시 요거트 신제품 출시를 앞두고 새로운 맛을 제안하는 업무를 맡았습니다. 먼저 전체 조사자 데이터를 파악할 수 있는 닐슨 프로그램을 통해 다양한 요거트 제품의 3년치 매출 데이터를 추출하였습니다. 다음으로 해외 사례를 조사했습니다. 인터넷 카페와 사이트에서 소비자들의 의견도 확인했습니다. 결과적으로 바나나 맛과 망고 맛 요거트를 제안했고, 이후 출시된 신제품이 좋은 매출 성과를 거두었습니다. 이 경험을 통해 정량적인 데이터뿐 아니라 정성적인 지표까지 확인하면 숨겨진 니즈까지 알아낼 수 있다는 점을 깨달았습니다. 이는 이 회사에서 영업 전략을 수립하는 데 도움이 될 것이라 생각합니다.

#사례3

자신의 사업 경험을
지원 회사의
인재상과 연결하다!

제 이름에도 옳을 가(可)를 넣었을 만큼, 부모님은 거짓말이 가장 나쁜 행동이라고 항상 강조하셨습니다. 이 가르침 덕분에 대학원 재학 중 시작한 스타트업 사업에서 팀원들과 마찰을 빚은 적이 있습니다. 유럽에서 상품을 수입하는 도중 FTA 협정으로 관세를 면제받을 수 있는 기회가 생겼습니다. 그러나 해당 제품은 법률상 중국산이라, 관세를 지급해야 했습니다. 동료는 관세를 아끼기 위해 편법을 쓰자고 했으나 저는 동료를 끝까지 설득하여 정당하게 관세를 지급하고 제품을 수입했습니다. 결과적으로 예상보다 조금 더 큰 비용이 발생했지만 그 사소한 비용 때문에 법을 어기고 고객을 기만하지 않았다는 점은 지금도 떳떳하고 자랑스럽습니다. 이 회사의 인재상인 '정직한 사람'으로서 저는 정직한 회사문화를 만들어 나갈 수 있을 것이라 자부합니다.

대학원과 교환학생 때의 경험을
은행의 리스크 관리 업무와 연결하다!

첫째, 차가운 분석력

리스크 관리 업무를 효과적으로 수행하기 위해 대학원에서 금융 통계 과목을 수강했습니다. 엑셀의 VBA와 교내 블룸버그를 활용한 SAS프로그램을 과제를 통해 직접 실습하며 배웠습니다.

리스크 관리에서 활용하는 모델을 좀 더 예습하고 싶어서 경기 순환시계에 대해 조사해보고, 이 모델을 통해 거시경제지표의 움직임을 바탕으로 목표 타깃의 방향성을 예측할 수 있다는 사실을 알게 되었습니다.

둘째, 따뜻한 소통력

리스크 관리 전략이 실제로 적용되기 위해서는 다양한 부서와의 소통 능력, 협의 능력이 필수적이라고 생각합니다. 저는 파리에서 교환학생을 할 때 유럽 전역에서 온 학생들과 팀 프로젝트를 하며, 셀 수 없는 갈등을 원활히 해결했습니다.

한 번은 과제 발표 전날 연락이 두절된 스페인 학생이 있었습니다. 저는 그가 연락을 받지 않는 이유가 그의 종교관 때문이라는 사실을 알게 되었고, 그를 직접 찾아가 논리적인 설득을 한 끝에 다시 과제에 동참시킬 수 있었습니다. 이렇듯 급박한 상황에서도 침착한 태도와 사람들에게 직접 다가가려는 마음가짐이 저의 강점이라고 생각합니다.

저는 이렇듯 리스크 관리를 위한 '냉온 능력'을 모두 가지고 있습니다. 이 능력을 이용해 회사에서 효과적인 리스크 관리를 하고 싶습니다.

5장

취업 저격 4단계 :

회사와
제대로 소통하라

가을은 누군가는 붙고 누군가는 떨어지는, 희비가 교차하는 계절
이다. 날씨는 좋고 하늘은 드높은데 취업 준비생의 마음은 불안
과 초조로 힘들기만 하다.

면접에서 떨어졌던 순간을 가장 힘들었던 경험으로 뽑는 사람이
많다. 드디어 취업할 수 있다는 기대가 일그러질 때, 특히 인성
위주의 질문이 오가는 최종 면접에서 탈락할 때 우리의 자신감은
땅으로 곤두박질친다.

"연습이 부족해서인지 자신감이 부족해서인지, 면접장에만 들어
가면 긴장감 때문에 무슨 말을 했는지 기억도 나질 않습니다."

"면접에서 질문도 많이 받고, 대답도 제법 잘한 것 같거든요. 그
런데 떨어졌습니다. 이유가 뭘까요?"

"아예 저한테는 관심이 없는 것 같았습니다. 자기소개 이후에 다
른 질문을 하질 않더라고요."

어떤 사람은 붙고, 어떤 사람은 떨어지는 이유가 무엇일까. 열심
히 살아온 나는 아직도 취업 준비생인데, 매일 논 것 같은 저 지
원자는 어떻게 입사했을까.

면접관도 사람이다,
그 사람의 마음을 읽어라

　다시 한 번 말하지만 취업의 모든 과정은 회사에 나를 세일즈하는 일이다. 회사와 소통하고, 협상하기 위한 가장 첫 번째 방법은 바로 그들의 입장을 이해하는 일이다. 면접을 잘 보려면 일단 면접관들이 어떤 요소들을 중요하게 판단하는지 파악해야 한다. 내가 하고 싶은 말들을 늘어놓기보다는 자신의 강점을 바탕으로 인사담당자가 듣고 싶은 말들을 해야 승산이 있다.

　대기업 등 많은 국내 회사들은 보통 2번의 면접을 거친다. 다대다 면접, 역량 면접, 프레젠테이션 면접, 토론 면접, 영어 면접, 합숙 면접 등의 형식으로 진행되는 1차 실무진 면접과 이 이후에 치러지는 2차 임원 면접이다.

　실무진 입장에서는 신입사원이 일을 잘해야 한다. 그래야 회사생활이 편하고, 팀의 성과가 올라가며, 자신 역시 승진해서 임원이 될 수 있다.

임원들의 입장은 약간 다르다. 20년에서 30년 이상 회사 생활을 한 임원들은 조직과 함께 성장할 직원을 원한다. 당장 일을 잘하는지 못하는지 여부보다는 우리 조직에 맞는 사람인지 여부가 그들에게는 더 중요하다. 일은 배우면 될 일이다. 결론적으로 실무진 면접에서는 직무 경험을 통한 전문성, 논리적 사고, 역량, 빠르게 습득하는 태도 등을 보여야 하고 임원 면접에서는 자신의 인성과 회사와의 적합성 등을 확인시켜야 한다.

실무진 면접에서는 그 회사나 산업이 최근 당면한 과제나 산업군의 전망을 묻는 경우가 대부분이다. 그들은 지원자들이 지원한 회사나 산업에 대해 얼마나 잘 알고 있는지를 확인하고 싶어 한다. 또한 이 지원자가 이 회사에서 정말로 일하고 싶어 하는지, 얼마나 준비가 되어 있는지, 입사후에 일을 빨리 배워 잘할지 등이 궁금하다. '반드시 이 회사에서 일하고 싶다'는 지원자를 찾고자 하는 욕구는 어찌 보면 당연하다. 채용 과정에서 회사는 많은 인력과 시간, 비용을 사용하게 된다. 그런데 어렵게 뽑은 신입사원들이 1년 이내 퇴사하는 비율은 49%에 다다른다. 직무나 회사, 그 회사가 속한 산업에 대해 잘 알고 오는 지원자는 그렇지 않은 지원자들에 비해 더 오랫동안 근무하고, 성과도 상대적으로 더 잘 낼 확률이 크다.

한편 임원들은 지원자가 자신들의 회사에서 일하기에 적합한 사람인지, 이 회사의 조직문화에 잘 어울릴 수 있는지 등을 검토한다. 말 그대로 인성을 확인하는 것이다. 아무리 똑똑한 사람이라도 그

면접의 종류와 확인사항

		2차 면접	
	실무진	임원진	
확인 사항	· 직무 경험을 통한 전문성 · 논리적 사고 · 역량 · 빠르게 습득하는 태도	· 지원자의 인성 · 회사와의 적합성	

회사의 조직문화나 분위기에 맞지 않으면, 함께 일하는 데 많이 불편할 수밖에 없다.

외국계 회사의 경우, 면접 횟수가 국내 회사에 비해 더 많은 편이다. 국내 대기업들에 비해 한국 법인(지점)의 규모가 작고, 뽑는 인원 자체가 적기 때문이다. 당장 필요한 사람을 뽑는 경우가 대부분이기 때문에, 신입이든 경력이든 새로 들어오는 사람의 역할이 매우 중요하다. 그래서 여러 번의 면접을 통해 지원자의 특성과 역량을 검토하고, 또 확인하는 것이다.

면접의 당락은
태도에 100% 달려 있다

많은 지원자들이 면접이 어렵다고 호소한다. 그래도 서류는 시간을 들여 천천히 작성할 수 있는데, 면접은 면접관들과 직접 대면하고, 다른 취업 준비생들과 경쟁해야 하는 자리이기 때문이다. 최근에는 면접의 종류도 다양해서 그만큼 준비할 내용도 많아졌다.

실제로 면접의 위험이 늘어날 뿐만 아니라 면접 시간도 점차 길어지고 있는 추세이다. 평균적으로 면접 과정에서 지원자 1명에게 할애하는 시간이 평균 3시간에서 6시간까지 늘어났다. 사실 회사 입장에서는 채용 과정이 길어질수록 더 큰 비용이 든다. 그런데도 면접을 길게 본다는 것은 곧 회사에 제일 잘 어울리는 사람, 회사에서 꼭 일하고 싶어 하는 열정적인 지원자를 골라내겠다는 뜻이다.

실무진 면접과 임원 면접에서 확인하는 항목은 다르지만, 공통적으로 보는 부분이 있다. 인사담당자들은 아무리 좋은 학교를 나오고, 학점이 좋고, 높은 스펙을 지녔어도, '이것'이 갖추어지지 않은 사람은 절대 채용하지 않는다. 바로 '태도'다.

실제로 인사담당자들은 이런 말을 한다.

"문 열고 들어와서 인사하고 자리에 앉기까지의 과정에서 당락의 50%는 결정되는 것 같습니다. 다음으로 첫 질문에 대답하는 모습을 보면 80%는 결정 납니다. 면접에서 승패는 지원자가 말을 시작한 후 5초면 결정되는 셈입니다."

"저는 지원자들을 면접할 때 '이 사람과 같이 기차를 타고 서울에서 부산까지 간다면 어떨까'라는 생각을 해봅니다. 같이 여행을 갈 동료라고 생각하면 아무리 잘나도 주변 사람을 불편하게 만들 것 같은 사람은 뽑을 수가 없습니다. 결국 말이 잘 통하고, 같이 일하고 싶은 지원자를 뽑게 됩니다."

태도. 단순하지만 정곡을 찌르는 단어다. 면접의 승패는 바로 태도에 달려 있다. 그러나 너무 당연한 주제인 탓에 막상 면접을 준비할 때는 이에 대해 생각하기 쉽지 않다. 자기소개를 연습하고, 예상 질문이나 합격자 후기 등을 찾아보느라 바쁘기 때문이다.

우리는 지금까지 회사 합격을 결정짓는 가장 강력한 요인이 지원하는 회사와 직무에 대해 가능한 한 많은 정보를 얻는 것이라고 생각해왔다. 그런데 잡코리아에서 채용을 진행한 인사담당자 1,100여 명을 대상으로 조사한 설문에 따르면 절대다수인 74.3%

탈락을 부르는 면접 태도

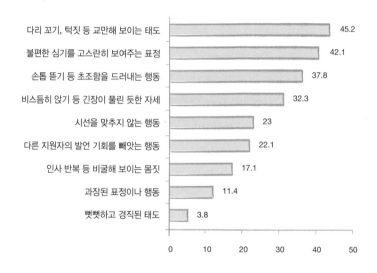

항목	값
다리 꼬기, 턱짓 등 교만해 보이는 태도	45.2
불편한 심기를 고스란히 보여주는 표정	42.1
손톱 뜯기 등 초조함을 드러내는 행동	37.8
비스듬히 앉기 등 긴장이 풀린 듯한 자세	32.3
시선을 맞추지 않는 행동	23
다른 지원자의 발언 기회를 빼앗는 행동	22.1
인사 반복 등 비굴해 보이는 몸짓	17.1
과장된 표정이나 행동	11.4
뻣뻣하고 경직된 태도	3.8

단위: %(중복 응답 가능)

자료: 잡코리아

가 답변은 잘했지만 태도나 표정 때문에 떨어뜨린 지원자가 있다고 답변했다.

예를 들어 다리를 꼬거나 턱짓을 하는 등 교만해 보이는 태도, 자신의 불편한 심기를 고스란히 보여주는 표정, 비스듬히 앉기 등 긴장이 풀린 듯한 자세를 보이는 지원자나 손톱 뜯기 등 초조함을 드러내는 행동, 뻣뻣하고 경직한 태도 등을 보여주는 지나치게 긴장한 지원자, 다른 지원자의 발언 기회를 빼앗는 등 다른 사람을 배려하지 않는 지원자는 태도 때문에 탈락했다.

태도가 중요한 이유는 딱 한 가지이다. 회사는 여러 사람이 함께 일하는 공간이기 때문이다. 아무리 능력이 뛰어나다고 해도 혼자서 해결할 수 있는 일은 거의 없다. 어떤 일을 진행하든 반드시 동료들과 회의를 해야 하고, 상사들의 결재도 받아야 한다. 회사가 '함께 일하고 싶은 사람'을 뽑으려 하는 이유이다.

그렇다면 도대체 함께 일하고 싶은 사람이란 어떤 사람일까? 대학 생활 동안의 수많은 팀 프로젝트, 아르바이트, 공모전, 인턴 때의 기억들을 돌이켜 떠올려보자. 구체적으로 떠오르지 않는다면, 먼저 '함께 일하고 싶지 않은 사람'을 떠올려보는 것도 좋다.

아무 일도 하지 않고 '숟가락 얹는' 배려 없는 사람, 제대로 알지도 못하면서 계속 아는 척하며 간섭하는 사람, 다른 사람의 이야기는 듣지 않고 자기 관심사만 말하는 사람, 반대로 자기 의견을 하나도 이야기하지 않아서 도대체 무슨 생각을 하는지 알 수 없는 사람, 매번 지각하는 사람, 자기가 해오기로 한 부분을 제대로 해오지 않는 사람, 아무리 가르쳐줘도 계속 다시 알려달라고 하는 사람 등 수많은 유형의 사람이 떠오를 것이다. 함께 일하고 싶은 사람은 딱 이 반대의 유형이라고 생각하면 된다.

앞에서도 말했지만 과외나 봉사활동으로 어린 학생(또는 동생)을 가르쳐봤던 기억을 떠올려보자. 공부를 잘하는 학생인지, 당장은 못해도 좀 가르치면 받아들일 판단하는 기준은 그 아이의 머리가 좋고 나쁨이 아니다. 그 학생의 자세를 보면 안다. 태도에서 그 사람이 열심히 하려고 하는지, 지금 내가 하는 말을 귀담아듣고 있는지가 자연스레 느껴진다. 지원자들을 보는 면접관의 시선도 똑같다. 여러 가지 질문을 하는 이유도 결국 우리의 태도가 어떤지 보기 위한 것이다. 면접에서 면접관들이 궁극적으로 평가하는 부분은 바로 자세라는 사실을 기억하자.

면접을 살리는
3가지 좋은 태도

1. 자신감 있는 당당한 태도

"위기를 극복하려는 태도와 표정, 말투와 당당함을 가장 중요하게 봅니다."

"매일 정장 입고, 사원증 걸고 멋지게 다니는 것 같지만 회사 생활은 생각보다 더 힘듭니다. 그래서 면접 볼 때 딱 3가지로만 지원자를 평가합니다. 첫 번째는 자신감, 두 번째는 추진력, 세 번째는 긍정적인 마인드입니다. '하면 된다'는 생각을 가지고, 어떤 목표든 달성하려는 태도가 중요합니다. 그런데 이런 태도를 보이는 지원자를 찾기가 굉장히 힘듭니다."

면접에서 지원자에게 가장 필요한 태도는 자신감이다. 주눅 들지 말고, 시선을 회피하지 않고, 자신감 있게 자신의 생각을 피력하

자. 물론 면접은 누구에게나 떨리는 자리이다. 앞에 있는 사람들에게 잘 보여야 하고 싶었던 일을 할 수 있고, 취업 준비라는 멀고도 힘들었던 대장정을 끝마칠 수 있으니까 말이다. 의연한 척하고 싶지만 잘되지 않는 것도 당연하다.

면접관들이 지원자들의 자신감을 가장 중요하게 생각하는 이유는 생각보다 간단하다. 면접은 서로가 가장 준비된 모습으로 잘 차려 입고, 예의를 갖춰 만나는 자리이기 때문이다. 실제 회사 생활은 더 험난한 경우가 많다. 일하다 보면 별별 일이 다 생긴다. 그래서 면접관들은 면접에서 자신감 없이 말꼬리를 흐리는 지원자, 너무 긴장해서 말도 제대로 못 하고 딱딱하게 굳어 있는 지원자를 보면 이런 생각을 한다.

'이 지원자는 지금 이 자리에서도 이렇게 자신감이 없는데 회사에 들어와서 힘든 일을 하게 되면 어쩌려고 그러지? 누군가에게 부탁해야 하거나 거절당하는 상황을 견딜 수 있을까?' 한 번 이런 걱정이 들면, 그 지원자를 뽑을 수가 없다.

단 자신감과 자만심은 다르다는 사실을 기억해야 한다. 좋든 싫든 간에 면접관은 대부분 그 회사에서 능력을 인정받은 사람들이다. 팀장이나 임원의 자리까지 승진해서 회사의 새로운 직원 후보들을 평가하고 있을 정도이니 말이다. 자신의 일과 현재 일하고 있는 회사에 자부심이 있을 수밖에 없다. 그런 사람들 앞에서 그들보다 더 많이 아는 척, 잘난 척하는 태도는 매우 위험하다.

하루는 최종 목표로 준비했던 은행의 1차 면접에서 탈락했다며 힘들어하는 지원자를 만났다. 면접 분위기도 좋았고, 면접관들도 자신의 이야기를 흥미롭게 잘 들어주는 것 같았는데 왜 떨어졌는지 모르겠다고 했다. 어떤 질문과 대답이 오고 갔는지를 들어보니, 이유가 있었다. 이 지원자가 맨 마지막으로 받은 질문은 "지금 우리 회사 말고 또 어디에 지원했나요?"였다. 지원자가 금융권에 관심이 많아 A증권사와 B증권사에도 지원했다고 솔직히 말한 것까지는 좋았다. 회사의 인사담당자들도 지원자들이 그 회사에만 지원하지 않는다는 사실은 알고 있다. "저는 이곳에 꼭 취업하고 싶어서 이 회사 외에는 단 한 군데도 지원하지 않았습니다"라고 대답하면 진정성이 없다며 오히려 감점을 받을지도 모른다. 문제는 이어진 질문에 대한 대답이었다.

"두 회사에 모두 최종 합격한다면 어느 회사에 가고 싶나요?"

"A증권사로 가고 싶습니다. B증권사의 경우, 면접관분들이 피곤하신지 성의가 별로 없다고 느껴졌습니다. 면접 시간도 1시간이라고 안내받았는데 30분 만에 끝났습니다. 대충대충 하는 분위기라고 느껴져서 불쾌했습니다. A증권사에서 일하고 싶습니다."

면접 분위기가 좋았던 까닭에 자신감이 너무 커졌던 걸까? 면접 중이라는 사실을 잊은 답변이었다. 면접을 보면서 다른 회사에 가고 싶다고 말했고, 면접관들에게 또 다른 회사의 흉을 봤다. 면접관들은 마음속으로 '이 지원자는 우리 회사의 험담도 서슴없이 하겠구나'라고 생각하지 않았을까.

경력직들이 이직 면접을 볼 때 가장 주의해야 할 점으로 꼽히는 부분이기도 하다. 기존 직장이나 상사의 험담을 절대 해서는 안 된다. 처음 보는 면접관에게 다른 회사나 사람의 험담을 쉽게 하는 사람이 좋게 보일 리 없다. 질문에 이렇게 답변했다면 어땠을까.

"저는 금융권에 관심이 많아 이 회사를 포함한 다른 증권사에도 지원했습니다. 그러나 제가 자신 있게 말씀드릴 수 있는 부분은 제가 그동안 귀사의 준비된 인재가 되기 위해 노력해왔다는 사실입니다. 다른 증권사에 최종 합격하느냐의 여부는 별로 중요하지 않습니다."

이처럼 자신감과 자만심을 헷갈리는 경우가 많다. 화려한 스펙을 자랑하던 외국 명문대 출신의 지원자가 면접에서 뚝 떨어진 경우도 있다. 면접관의 말을 경청하고 그에 맞는 대답을 해야 하는데, 그는 처음부터 끝까지 "미국에서는 이렇게 합니다"를 남발했기 때문이다. 면접관은 속으로 '여기는 미국이 아니라 한국이거든요? 그렇게 미국이 좋으면 미국에 가면 되지 않을까요'라고 생각하지 않았을까.

놀랍게도 이런 지원자들이 은근히 많다. 면접관들의 질문에 대답이 아니라 반박하려고 하거나 가르치려고 든다. 자신이 그 산업에 대해 알 만큼 다 알고 있다고 생각하거나 잘못을 지적하면 더 능력 있어 보이지 않을까 하는 착각 때문이다. 자신의 지식을 자랑하고 싶은 마음도 있을 것이다. 회사는 상사, 동료 후배들과 함께 일하는 곳이라는 사실을 잊지 말자. 충분히 자신감을 가질 만한데 의기소침해져 있는 사람도 문제지만, 지나치게 자신감이 높은 사람도 스스로를 되돌아봐야 한다.

2. 다른 사람의 말을 경청하고, 소통하려는 태도

"면접은 대화를 주거니 받거니 이어가는 과정입니다. 말 그대로 인터뷰입니다. 그래서 저희는 지원자와 얼마나 소통이 잘되는지, 얼마나 잘 통하는지를 중요하게 봅니다. 그런데 지원자들 중에는 앵무새처럼 본인이 준비한 대답만 기계적으로 반복하는 경우가 있어요. 너무 많이 연습해서인 것 같기도 합니다. 저는 A를 물어봤는데 A에 대한 답이 아니라 준비해온 내용만 이야기하는 식입니다. 진정성 측면에서도 아쉽고, 무엇보다 서로 소통하고 있다는 생각이 전혀 들지 않아서 그런 지원자는 뽑지 않습니다."

"면접하다 보면 의외로 말귀를 못 알아듣는 친구들이 많습니다. 질문에 대한 답을 안 하고, 다른 대답을 하는 경우도 많습니다. 회사 일이란 다른 팀 혹은 외부 사람들과 끊임없이 만나고 부딪혀야 하는 것인데 이런 지원자들이 일을 잘할 수 있을까 의심스럽습니다. 지원자가 자신의 의견을 어떻게 피력하고 설득하는지, 다른 사람들의 이야기는 잘 듣는지를 정말 중요하게 봅니다."

"요즘 취업 준비생들은 자격증도 많이 따고, 인턴도 다양하게 하면서 경험을 많이 쌓아옵니다. 하지만 입사해서 하게 될 일은 지금까지와 또 다르다는 것을 모르는 것 같습니다. 자기가 모르는 것은 모른다고 인정하고 선배들에게 물어보는 태도나 적극적으로 소통하려고 노력하는 태도, 다른 사람의 말을 잘 경청하고 받아들이는 태도가 두루 필요합니다."

회사에서는 다른 사람과의 소통이 굉장히 중요하다. 사무실에서 매일 하는 것이 결국 이메일을 쓰고, 전화 받고, 사람을 만나는 일이기 때문이다. 회사에 다니다 보면, 소통이 안 되는 사람들과 일하는 것이 얼마나 답답한지 곧 알게 된다. 그래서 인사담당자들은 면접에서 지원자들이 맥락에 맞는 답변을 하고 있는지, 다른 지원자들의 이야기를 경청하고 있는지, 본인의 차례가 끝났다고 다른 생각을 하고 있지는 않은지, 이 자리에 집중하고 있는지 등을 수시로 확인한다. 토론 면접에서는 자기 주장만 하지는 않는지, 다른 의견을 가진 사람이 있다면 어떤 식으로 그를 설득하는지, 다른 사람들의 의견을 종합해 결론을 이끌어낼 수 있는지를 본다. 프레젠테이션 면접 때에도 자료의 논리성이나 창의성도 중요하지만 그 내용을 얼마나 설득력 있게 전달하는지와 함께 음성, 몸짓, 자세, 화법 등을 종합적으로 평가한다.

의사소통에 관한 실험으로 도출된 '메라비안 법칙'에 따르면 사실 소통에 있어 내용, 즉 언어적 측면이 차지하는 비율은 7%밖에 안 된다고 한다. 소통에는 청각이 38%, 시각이 55% 부분을 차지한다. 여기서 청각은 목소리의 크기와 음성, 말투, 음색 등이며, 시각은 전체적인 자세, 몸짓, 눈빛, 시선 등의 눈으로 확인할 수 있는 태도를 일컫는다. 즉 아무리 훌륭하고 전문적인 내용을 말한다 하더라도, 시각이나 청각으로 확인되는 태도가 좋지 않다면 효과적으로 전달되지 않는다.

요즘은 몇 분 정도 면접 보는 것으로는 지원자를 제대로 파악할 수 없다는 의견이 많아지면서, 인턴 제도나 합숙 면접이 적극적으로 활용되는 추세다. 합숙이나 인턴 생활을 통해 지원자들의 평상시 태도를 보고자 하는 의도가 깔려 있다. 이 지원자가 다른 사람들과 얼마나 잘 지내는지, 소통을 잘하는지, 회사 생활에 적합한지를 확인하고자 하는 것이다.

2달간의 인턴 생활을 한 후, 그 회사의 최종 면접에서 탈락해 힘들어하는 지원자를 상담한 적이 있다. 그는 사실 탈락했다는 사실 자체보다 자신은 아예 합격 대상자조차 아니었다는 느낌이 더 힘들다고 했다. 최종 면접에서 자기소개 외의 어떤 질문도 받지 못했기 때문이었다. 인턴을 2달 동안이나 했는데, 대체 이유가 무엇이었을까.

"인턴으로 근무할 때 아마 팀에서 과제를 줬을 겁니다. 그 과제는 잘 해결했어요?"

"아니요, 사실 그렇지 못했어요. 혼자 해결하기에는 좀 어려운 주제였습니다."

"그럼 그 과제 주신 분에게 과제에 대해 다시 한 번 세부 사항을 물어본 적 있나요? 어떤 방향으로 해결하길 원하느냐, 어떤 결과를 기대하느냐, 언제까지 해야 하느냐 등이요."

"제가 인턴으로 일할 때가 마침 감사 시즌이어서, 팀이 굉장히 바쁘게 돌아갔습니다. 이것저것 물어보자니 눈치가 보여서 저에게 과제를 주신 과장님 말고, 다른 분께만 물어봤습니다. 그런데 저에게 과제 주신 분이 맨 마지막에 그런 말씀을 하셨습니다. '잘 모르겠으면 중간에 좀 물어봤으면 좋았을 뻔했다'라고 말입니다."

이 지원자가 최종면접에서 질문 자체를 받지 못한 이유는 여기에 있었다. 좋게 말하자면 배려심이 너무 깊었고, 나쁘게 말하자면 꿀 먹은 벙어리였던 탓이다. 애초부터 인턴이 혼자서 잘 처리할 수 있는 일을 주거나 친절히 설명해주며 과제를 도와준다면 좋겠지만 사회는 그렇지 않다. 무엇보다 모두가 바쁘고, 시간이 없다. 그럼 우리가 할 수 있는 방법은 둘 중 하나다. 모른다고 솔직히 인정하고 '적당한 타이밍'을 찾아 빨리 물어보거나 어떻게든 스스로 방법을 찾아내 일을 적극적으로 해결하는 것이다. 결과적으로 회사는 일을 빨리 배우는 사람을 필요로 한다.

그들은 신입사원에게 처음부터 모든 일을 잘하기를 기대하지 않는다. 과제 내용을 '잘 듣고', 모르는 것이 있거나 이해한 내용에 의문점이 있다면 '정확하게 물어보고', 여전히 잘 모르겠다면 '도움을 요청'하는 소통 역량을 바란다. 그러니 기억하자. 인턴을 하면서 어떤 일을 하고 있는데, 요구되는 역할이나 과제 수행 방법을 잘 모르겠다면, 꿀 먹은 벙어리처럼 가만히 있지 말고 적극적으로 물어보자. 부끄럽다고 주저하지 말자. 이것이 회사에서는 무척이나 중요한 소통 능력 중 하나이다.

드라마 〈미생〉의 장그래도, 〈혼술남녀〉의 박하나도 "제가 잘 모르면 좀 가르쳐줄 수 있는 것 아닌가요?"라고 물으며 승부를 봤다. 상사들의 시간을 조금 뺏고 제대로 일을 해내는 편이 상사들이 바빠 보인다고 이리저리 눈치를 보다 제대로 해내지 못하는 것보다 백번 낫다. 단, 주의해야 할 점이 있다. 이 '물어보세요' 카드는 한두 번밖에 쓸 수 없다. 궁금한 점을 모아 한 번에 제대로 물어보고, 그 답변들을 통해 빨리 배워야 한다.

만약 답변을 듣고도 이해가 가지 않는다면 정확히 어떤 부분이 궁금한지 정리해 다시 물어야 한다. '처음부터 다시 한 번만…' 같은 태도는 곤란하다.

3. 열정적이고 긍정적인 태도

"면접관들도 하루 종일 면접을 진행하면 당연히 피곤합니다. 그때 표정이 전혀 없어서 여기 무슨 생각으로 왔는지 도통 모르겠다 싶은 지원자를 만나면 더 피곤해집니다. 그러니 가능하면 밝고 좋은 인상인 친구를 선호할 수밖에 없습니다. 그런 친구들이 면접장에서 예뻐 보입니다."

"어느 업종이든 사람을 대면하며 일해야 합니다. 기업 고객이든 개인 고객이든, 고객이 있기 때문에 면접에서 '고객이 좋아할 사람'인지를 가장 중요하게 봅니다. 결국 학력이나 스펙보다는 품성과 품행이 바른 사람, 밝고 긍정적이면서 인성이 좋아 보이는 사람을 채용하는 경향이 있습니다."

우리가 연애를 할 때나 친구를 사귈 때를 생각해보자. '힘들다', '피곤하다'는 말을 달고 살거나 모든 일에 냉소적인 이에게 매력을 느끼는 사람은 많지 않다. 반대로 함께 있으면 기분이 좋아지는 사람들이 있다. 긍정적이고, 새로운 시도를 해보고, 실패해도 다시 도전하는 사람들이다. 우리는 알게 모르게 그와 함께하고 싶어진다.

우리를 면접하는 면접관들도 마찬가지이다. 대부분의 회사원들은 아침 9시부터 저녁 6시까지, 10시간 가까운 시간을 함께 일한다. 하루 중 절반을 함께하는 사람이 우울하고 비관적이라면 서로

스트레스를 받을 것이다. 열정적이고 긍정적인 태도가 팀 분위기를 좌우하기에 면접관들이 눈여겨보는 것이다.

최종 면접에서 탈락하고 이유를 찾고자 다시 상담을 받게 된 학생이 있었다. 그 친구가 최종 면접에서 받았던 질문과 답변을 들어보니 탈락 이유가 분명했다. 최종 면접 자리에서 면접관이 그에게 이렇게 질문했다고 한다.

"지원자의 포부가 무엇인가요? 또 우리 회사에서 얼마나 오래 일을 하고 싶나요?"

"적어도 4년은 일해봐야 할 것 같습니다. 제가 업무를 완전히 파악하는 데 4년 정도는 걸릴 것 같고, 또 그즈음에 많이들 이직을 생각한다고 들었습니다."

면접관 역시 '요즘 누가 한 직장 평생 다니느냐'고 생각한다 하더라도 이 답변은 탈락할 만한 이유가 분명했다. 회사에 대한 충성심을 보여주는 입에 발린 말을 하지 않아서가 아니다. "저는 이 회사에서 뼈를 묻겠습니다" 따위의 말을 바라는 것도 아니다. 그에게는 이 회사에 꼭 입사하고 싶다는 열정이 느껴지지 않았기 때문이다. 어떤 면접관이 "4년은 다니겠다"는 지원자에게서 '이 친구가 정말 우리 회사에서 일하고 싶어 하는구나' 하고 느낄 수 있겠는가. 보통 입사해 3년 정도까지는 성과를 내기보다는 일을 배우는 단계이다. 결국 회사 입장에서는 비용이 드는 셈인데, 이 정도의 열정밖에 보여주지 못하는 지원자를 채용하고 싶을까?

면접관들이 면접을 거의 마무리하는 시점에서, 지원자들에게 꼭 물어보는 것이 있다. "마지막으로 하고 싶은 말이 있거나 질문이 있으면 하라"는 것이다. 끝날 때까지 끝난 것이 아니다. 이 짧은 시간에 우리는 반전을 노릴 수도, 승부를 띄울 수 있다. 지원하는 회사에 관심이 많고, 그곳에서 일하는 본인의 모습을 그려봤다면 질문거리는 당연히 많아진다. 적극적인 질문이나 자신감 있는 태도를 보여주자.

"제가 입사하게 된다면 여기 앉아계신 선배님들과 임원분들, 야근하시지 않게 정말 일 잘하는 모습을 보여드리겠습니다!"

"제가 혹시나 탈락하게 되더라도 저는 계속 이 회사와 함께하고 싶습니다. 이 회사의 청소 아르바이트라도 하면서 선배들을 가까이에서 계속 관찰하며, 다시 한 번 입사 준비를 하겠습니다. 지금 이 순간이 아닌 언제라도 여러분들은 저를 이 회사에서 만나실 수 있을 것입니다!"

이런 포부를 들은 면접관들은 어떤 생각을 할까. 면접관들도 사람이다. 지원자들이 얼마나 그 일을 하고 싶은지, 왜 이 회사에서 일하고 싶은지, 그동안 어떤 준비를 해왔는지 등을 긍정적인 태도로 설득한다면, 신뢰감이 생길 수밖에 없다. 면접관들도 이런 사람과 함께 일하고 싶다고 생각한다. 사람 마음은 다 똑같다.

면접에 철썩 붙는
6가지 전략

1. '쫄지 말고' 당당하게 대처하라

마케팅 분야에서 일하고 싶어 다양한 활동을 해왔다는 지원자가 상담을 요청해왔다. 얼굴을 보니 자신감이 바닥으로 떨어진 상태였다. 그 상담자는 경험이 너무 모자라 걱정이라면서, 패션이나 화장품 분야에 일하고 싶은데 자신이 없다고 했다. 그런데 그 지원자의 서류는 완벽했다. 과 대표와 여러 가지 대외활동은 물론 인턴 경험, 공모전 수상, 봉사활동까지 말 그대로 완벽한 스펙을 가지고 있었다. 명품 브랜드의 미스터리 쇼퍼 같이 특이한 경험도 있었다.

이런 스펙을 지닌 친구가 면접에서 계속 떨어지고 있었다. 원인을 들여다보니 자신감 부족 때문이었다. 목소리도 작고, 연약해서 금방 쓰러질 것 같아 보였다. 회사에서 같이 일한다면, 그에게 뭔가를 부탁하거나 혼내야 할 때 고민하고 또 고민해야 할 것 같았다. 그 친구에게 조심스럽게 건넨 조언은 이러했다.

"지금까지 해온 경험들로 충분하니, 자신감을 가져도 됩니다. 설사 같은 경험을 한 친구들이 많다고 하더라도, 그 경험에서 배운 점이나 의미는 사람마다 다 다르기 때문에, 지금부터는 직무에 맞게 설명하는 것이 핵심입니다. 다만 자신감 있게 말하세요! 직무 경험이나 전문성을 갖추면 더 좋겠지만 신입에게는 자신감이 최고예요. 면접은 자신감을 제대로 보여줘야 하는 자리인데 이렇게 기죽어 있으면 안 됩니다. 어깨 펴고, 시선은 정면을 향한 채 큰 목소리로 말하세요. 사실 하고 싶은 이야기가 많잖아요? 상대방에게 그 내용을 명확히 전달해야 합니다."

이 지원자와 비슷한 사례는 무수히 많다. CFA나 CPA 등의 전문 자격증이 없어서, 더 좋은 학교를 나온 사람이나 유학을 다녀온 사람에게 밀릴까 봐 걱정한다. 자격증을 가진 사람은 공부하느라 사회 경험이 부족하다며, 인턴을 한 번도 하지 않은 것이 결격 사유가 될까 봐 자신 없어한다. 아무리 생각해봐도 그 직무에는 더 좋은 스펙의 친구들이 지원할 것 같다며 지금이라도 지원 직무를 바꿔야 하는 것은 아닌지 고민하기도 한다.

탈락을 몇 번 겪어보면 우리도 모르는 사이에 어깨가 처지기 시작한다. 문제는 이 모습이 인사담당자들의 눈에도 그대로 보인다는 사실이다.

회사에서는 대단한 경험이나 자격증을 바라는 것이 아니다. 물론 특별한 자격증이나 경험을 우대하는 경우도 있다. 그 경우는 홈페이지에 '이 직무에서는 이런 자격증 가진 사람들을 우대합니다'라고 친절히 명시해놓는다. 그렇지 않다면, 서류 통과가 된 이상 더이상 영어 점수, 자격증, 인턴 경험의 횟수 등이 중요하지 않다. 자격증을 가진 사람이나 외국어 시험을 만점 받은 사람, 학점이 높은 사람이나 공모전에서 10번 수상한 사람, 인턴을 5번이나 한 사람 모두가 다 같은 선상에 서 있다. 면접에서는 부족한 점을 메꾸려 하기보다는 자신의 강점을 어떻게 하면 더 펼쳐 보일 수 있을지 고민해야 한다.

학점이 좋은 친구라면, 대학에 다니며 성실히 생활했다는 강점을 바탕으로 설득하면 된다. 반대로 학점이 좋지 않은 친구라면 공부 대신 어떤 일을 했는지, 왜 그것을 택했는지, 그 경험들이 어느 부분에 유용한지를 이야기하면 된다. 자격증이 있는 사람은 이 산업에 관심을 두고 미리 공부했다는 사실을 피력하면 된다. 아르바이트나 인턴 경험을 가진 사람이라면 자신이 그 조직에 어떻게 기여했는지, 당시의 경험들이 지금 지원하는 회사에는 어떻게 도움이 될지를 말하면 된다. 동아리나 봉사활동 경험이 많은 지원자라면 다양한 사람들과 여러 가지 일을 하면서 무엇을 배웠는지, 자신이 소통을 얼마나 잘하는지 등을 이야기하면 된다.

회사에서는 신입, 그리고 경력 3년 미만의 사원에게 대단한 전문성을 기대하지 않는다. 특히 대학교를 갓 졸업한 사람이 그 분야에 전문성을 갖췄을 것이라 기대하는 사람은 없다. 그러니 쫄지 말고 당당하게, 나만의 강점을 보여주면 된다. 우리는 모두 각자 다른 이야기와 강점을 갖고 있기 때문이다.

면접을 앞두고 너무 긴장되고 떨린다면 거울을 보며 이렇게 말해보자. "회사가 뭐 별거냐, 나 정도 되는 사람이 왔으면 당연히 뽑아줘야 되는 거 아냐!"

당신은 지금까지 열심히 살아왔다. 자신을 믿고, 자신 있고 당당하게 나서자.

2. ABCDE 원칙에 맞춰 내 이야기를 하라

면접관들의 입장에 서서 한 번 더 생각해보자. 면접관들은 무수히 많은 지원자들을 평가한다. 요즘 면접 경쟁률은 보통 100:1이라고 한다. 1명을 뽑기 위해 100명을 본다는 뜻이니, 100명을 신규 채용한다고 하면 1만 명을 평가해야 한다는 의미이다. 많은 사람들을 평가하는 만큼 피곤하기도 하고, 면접 후 처리할 일에 신경이 곤두서 있을 수도 있다. 그런 면접관들에게 다른 지원자들도 다 하는 이야기, 회사 홈페이지에서 본 이야기, 뉴스에서 들은 이야기만 늘어놓으면 어떤 반응을 보일 것 같은가?

모의 면접을 진행하다 보면, 면접관에게 면접은 '체력전'이라는 생각이 든다. 지원자들만큼 긴장하고 떨리지는 않지만, 지원자들이 무슨 말을 하는지, 자기소개서에 쓴 이야기와 지금 말하는 내용이 일맥상통하는지, 이 직무에 적합할지, 질문에 맞는 대답을 하고 있는지 등을 검증하느라 온 신경을 다 써서 집중하게 된다. 비슷비슷한 자기소개와 답변을 끊임없이 듣다 보면, 정신이 아득해지고 지원자에게 집중하지 못하는 순간이 찾아오기도 한다. 그러다 정신이 번쩍 들게 되는 경우가 있다. 지금까지 못 들어본 새로운 이야기, 재미있는 내용, 직무와 연관되는 자기소개가 들릴 때다. 이런 경우는 생각보다 그렇게 많지 않다.

면접을 잘 보고, 결과적으로 일하고 싶은 곳에서 하고 싶은 일을 하기 위해서는 자신의 이야기를 해야 한다. 서류를 작성할 때와 마찬가지로 자신만의 이야기를 정확하고 간결하게, 핵심 키워드를 직무와 연관 지어서, 구체적이고 알아듣기 쉽게 말해야 한다.

"이 회사가 판매하는 상품에는 이런 것이 있습니다"로 그치지 말고, 그 정보에 자신의 사용 후기나 의견을 덧붙여야 한다. 말처럼 쉬운 일은 아니다. 그러나 우리는 앞서 자신의 강점을 분석하고, 관심 있는 회사에 대해 구체적으로 알아봤다. ABCDE 원칙을 기억하면서 이력서와 자기소개서를 꼼꼼히 다시 읽어보자. 그리고 자신을 설명해주는 핵심 키워드를 찾아 인사담당자들에게 적극적으로 소개하자.

3. 회사에 익숙해져라

가고 싶었던 회사에 떨어진 뒤 다시 한 번 같은 회사에 지원한 사람이 있다. 그는 긴장감을 억누르기 위해 그 회사에 익숙해지기로 했다. 회사 홈페이지에 들어가 조직도를 확인하고, 회사 홈페이지와 기사에 나온 임원들의 사진을 출력해 얼굴을 외우고, 회사 앞에 회사 직원들을 관찰했다. 그들에게 익숙해지자, 낯을 많이 가리고 처음 보는 사람 앞에서 곧잘 당황하던 그도 면접에서 자신감 있고 당당한 모습을 보여줄 수 있었다고 한다. 무엇보다 면접관 앞에서도 그리 떨리지 않았다고 말했다.

면접에서 우리가 말을 더듬고 긴장하는 이유 중에 하나는 '불확실성' 때문이다. 어떤 질문이 들어올지, 분위기는 어떠할지, 어떤 사람들과 함께 면접을 보게 될지 등 모르는 것이 너무 많다는 사실이 지원자들을 긴장하게 만든다. 익숙하고 친한 친구들이 집처럼 편한 장소에서 지원동기를 물어본다면 대답하며 떠는 사람은 없을 것이다. 그러니 떨린다면 자신이 확인할 수 있는 정보나 이미 알고 있는 사실에 집중해야 한다. 회사나 산업군을 파악하다 보면, 회사에 점점 익숙해진다.

"왜 이 산업을 선택했는지, 당사에 지원한 이유는 무엇인지 각각 말해보십시오."

"지원하신 분야에서는 어떤 일을 한다고 생각하나요? 본인이 이 업무에 적합한 사람이라는 것을 증명해보십시오."

면접에서 절대 빠지지 않고 나오는 질문이다. 바로 자기소개와 지원동기다. 인사담당자들은 왜 이 산업에서 일하려고 하는지, 그 중에서도 특히 왜 이 회사에서 일하려고 하는지, 그리고 왜 이 직무를 하고 싶어 하는지를 궁금해한다. 그래서 지원동기를 묻는다. 이 질문만으로도 산업, 회사, 직무에 대한 관심도가 확실히 드러나기 때문이다. 이 질문에 대답을 잘하기 위해서는 회사의 상황을 파악하고 있어야 한다.

적어도 전자공시시스템 속 회사의 사업보고서와 회사의 공식 홈페이지는 꼼꼼히 확인하고 가자. 보고서를 꼼꼼히 읽어보면 회사의 재무 상황은 물론이고 경쟁 관계, 최근 산업 및 회사의 이슈에 대해 알 수 있다. 홈페이지에도 회사의 인재상에서부터 주요 상품과 서비스, 특징에 이르기까지 생각보다 많은 정보가 담겨 있다. 상품이나 서비스의 경우, 현재 회사에서 힘을 쏟고 있는 상품을 메인 화면이나 상품 안내 중 가장 앞에 위치시킨다. 회사 실적 역시 대부분 홈페이지의 IR 부분에서 확인할 수 있다. 웬만한 회사들은 홈페이지를 기획하고 운영하는 팀을 따로 둔다. 그 말은 홈페이지에 중요한 정보를 담고 투자자나 소비자와의 소통 경로로 활용하기 위해 돈을 들이고, 사람을 배치한다는 이야기다.

물론 상대방을 파악하는 가장 유용한 전략은 발품을 팔아 그들을 직접 보고, 듣고, 경험하며 회사가 원하는 바를 구체적으로 알아내는 것이다. 지원하는 회사에 직접 가보고, 그 회사에 다니는 선배들도 만나며 실제 그들은 무슨 일을 하는지, 어떤 인재를 선호하는지 파악해보자.

본사든 지점이나 대리점이든 상관없다. 회사를 직접 방문해서 그 회사의 직원들은 어떤 복장으로 다니는지, 무슨 일을 하는지, 하다못해 로비는 어떻게 생겼는지 눈으로 관찰하다 보면 점점 회사와 친숙해진다. 학교 취업센터 등을 적극 활용해 선배들을 만나고, 그들의 회사 생활에 대해서도 들어보자. 같은 직종이라도 삼성전자에 다니는 사람과 LG전자에 다니는 사람은 스타일이 다르다. 또 같은 금융권이라도 은행에 다니는 사람과 증권사에 다니는 사람은 성격이 다르다. 산업과 회사의 영향을 받을 수밖에 없기 때문이다.

이는 책이나 인터넷으로 느낄 수 있는 것이 아니다. 직접 발로 뛰어야 한다. 사람들을 만나보고 현장에 가봐야 그들이 어떤 인재를 선호하는지 알 수 있으며, 나는 그곳에 어울리는 사람인지 아닌지도 알 수 있다. 회사에 익숙해질수록 긴장감은 줄어들고, 자신감 있게 자신을 소개할 수 있다.

4. 맥락을 이해하는 연습을 하라

면접을 앞두고 긴장해서 손이 떨리고 자꾸 머리가 하얘진다면, 말을 더듬거나 너무 빨리하는 것 같다면, 혹은 횡설수설 말한다는 생각이 든다면 '맥락을 이해하는' 연습이 필요하다. 이는 기계적으로 모든 내용을 통째로 외우라는 뜻이 아니다. 앞의 '면접을 살리는 3가지 좋은 태도'에서 살펴본 것처럼, 면접은 소통이다. 말 그대로 서로가 통하는지, 그렇지 않은지를 확인하는 자리이지 외운 내용을 검사받는 시간은 아니다. 최종 면접을 진행하는 임원들은 이렇게 이야기한다.

"대본처럼 처음부터 끝까지 완벽하게 구성해서 이야기하지 않았으면 좋겠습니다. 외워서 이야기하는 게 보이면 오히려 더 마음이 안 가는 경우가 많습니다."

연습이 필요하다는 말은 먼저 맥락을 그려보고, 어떤 질문이 나올지 예상해보고, 어떤 줄기로 대답할지를 구상하라는 뜻이다. 모든 질문에 답을 만들어 토씨 하나 틀리지 않도록 달달 외우는 편이 오히려 쉬울 수도 있다. 그러나 이 방법에는 함정이 있다. 학교에서 과제 발표를 할 때를 떠올려보자. 내용을 달달 외워버리면, 어쩌다 한 문장이라도 기억나지 않거나 예기치 못한 일이 벌어지면 그 다음을 대응할 수 없다. 면접도 마찬가지다. 예상치 못한 상황이 생기면 얼굴은 빨개지고, 말을 더듬으며, 동문서답을 하게 된다. 평소보다 오히려 더 당황하게 된다.

맥락을 이해하는 연습을 하기 위해서는 지원하는 회사를 다니고 있는 선배나 관련된 업계에서 10년 정도 일해온 선배들과 모의 면접을 해보는 것이 가장 효과적이다. 경력이 10년쯤 쌓이면, 회사에서 여러 가지 책임을 지게 된다. 사람마다 차이는 있겠지만, 그들이 중요하게 평가하는 요소가 실제 회사에서 실무진 면접을 진행하는 사람들의 시각과 거의 같다. 그들의 피드백을 귀담아듣고 대답을 수정해보면 실전에서 매우 유리하다. 각 대학교의 경력개발센터에서 이런 프로그램을 다양하게 운영하고 있으니, 이를 충분히 활용하자.

취업 스터디도 적극 활용하자. 면접의 핵심은 상대방이 나에게 무엇을 궁금해할지, 어떤 질문을 던질지를 예상하는 것이다. 이런 질문들은 혼자만 생각해서는 한계가 있다. 다양한 전공, 다른 성별을 가진 친구들과 다양한 생각을 나누는 연습을 해보자. 단 면접 답변에 대한 조언은 하지 말고, 면접에서 나올 수 있는 질문을 최대한 다양하게 만들어보는 일에 초점을 두자. 답변에 대한 조언을 하지 말라는 이유는 딱 하나다. 취업 스터디를 함께 하는 이들은 피차 마찬가지의 입장이기 때문이다. 회사 경험이 없는 사람들끼리 마주앉아 서로의 대답에 대해 훈수를 두는 일은 시간만 낭비할 뿐 큰 의미가 없다.

예를 들어 은행 지원자들이 모인 취업 스터디라면 신한은행, KB국민은행, 기업은행, 우리은행 등의 본사나 지점을 나누어 가본 후 은행 상품별 차이를 알아보자. 전문 용어에 대한 질문과 답을 해보고, 은행 수익에 영향을 줄 수 있는 경제적 이슈에는 무엇이 있을지도 토의해보자. 자동차, 화장품, IT 분야도 마찬가지이다.

마지막 방법은 스스로 슈퍼컴퓨터가 되는 것이다. 슈퍼컴퓨터인 알파고는 수많은 경우의 수를 대입해 대국의 여러 가지 상황들을 미리 떠올리고, 스스로 복기하면서 게임을 진행했다. 내가 면접관이 된다면 무엇이 궁금할지, 어떤 질문을 할지 등 가능한 많은 상황을 만들어 질문하고 스스로 답하는 과정을 반복해야 한다. 상대방의 입장에서 시나리오를 가능한 한 많이 그려보고, 그 상황에 대처하는 연습이 중요하다.

혼자 연습할 때는 부끄럽더라도 연습하는 모습을 꼭 카메라로 찍어서 확인해보자. 녹화된 스스로의 모습을 보면서 자신의 태도를 되짚어보는 데에 목적이 있다. 평소에 어떤 언어 습관을 갖고 있는지, 시선은 제대로 정면을 쳐다보는지, 당황할 때 얼굴이 얼마나 빨개지는지, 긴장하고 있을 때는 어떤 표정인지 등을 눈으로 확인하게 되면, 문제점을 고치기도 쉬워진다.

5. 모르면 모른다고 솔직히 말하라

인사담당자들은 모르는 내용에 대한 질문을 받았을 때 얼버무려 대답하는 지원자보다는 솔직하게 모른다는 사실을 고백하는 지원자에게 더 호감을 느낀다고 말한다.

"면접 때 가장 중요한 것은 절대 거짓말을 하지 않는 것입니다. 만약 질문을 받았을 때 잘 모르는 사항이면 차라리 모른다고 솔직히 말하는 것이 좋습니다. 솔직하게 모른다고 하고, 자신의 강점 분야를 강조하는 것이 좋은 점수를 받는 비법입니다. 순간적으로 위기를 모면하기 위해 동문서답하거나 어렴풋이 아는 내용을 아는 척 꾸며내다가 들통나면, 아무리 스펙이 좋아도 탈락하게 됩니다.

최종 면접에는 특히 수많은 면접 경험이 있는 이들이 면접관으로 들어오기 때문에 거짓말을 족집게처럼 찾아냅니다."

면접에서는 여러 가지 당황스러운 상황이 생길 수 있다. 모르는 내용을 질문받았을 때가 가장 대표적이다. 이때 당황해 거짓말을 꾸며내지 말고 의연하고 솔직하게 대처해야 한다. 질문에 곧바로 대답할 필요는 없다. 잘 모르는 내용이나 당황스러운 질문을 받았을 때에는 "잠시만 생각할 시간을 주시겠습니까?" 하고 물은 다음, 5초에서 10초 정도 자기 생각을 정리하고 답변하는 것도 방법이다. 질문 내용이 이해가 가지 않는 경우는 "질문을 이렇게 이해했는데, 제가 이해한 내용이 맞습니까?" 등으로 다시 확인하면 된다. 모르는 내용을 대충 아는 척하거나 동문서답하면서 시간을 길게 잡아먹는 것보다는 확실히 묻고, 모르면 모른다고 빨리 이야기하는 편이 백번 낫다. 면접관들은 지원자들이 전문적인 지식을 얼마나 가지고 있는지도 보지만 문제를 해결하는 방식과 태도를 더 중요하게 평가한다. 전문 지식은 얼마든지 배워 채워나갈 수 있지만, 문제 해결력은 회사에서 누가 가르쳐줄 수도 없는 능력이기 때문이다.

"CRM에 대해 아는 대로 설명하고, 우리 회사에 어떻게 적용할 수 있을지에 대해 말해보시겠습니까."

"저는 광고 및 홍보에 특화된 인재를 꿈꾸며 다양한 경험을 쌓아왔기 때문에, 이 부분에서 질문을 주신다면 자신 있게 답변드릴 수 있습니다. 그러나 질문 주신 CRM에 대해서는 설명하기 어렵습니다. 잘 모르겠습니다. 그렇지만 만약 저에게 이 회사에서 일할 수 있는 기회를 주신다면, 입사 후 1주일 내로 CRM에 대해 조사하고 우리 회사에 적합한 전략들은 무엇이 있을지 고민하여, 여기 계신 임원분들께 보고서를 제출하도록 하겠습니다."

면접관이 잘 모르는 내용을 물어왔을 때, 이런 식으로 대응한다면 어떨까? 질문한 내용은 잘 모르겠지만 뽑아주면 바로 알아내겠다는 솔직한 대답에, 질문을 던졌던 임원은 이미 다른 지원자에게로 기울었던 마음을 돌려 이 지원자를 뽑았다. 지원자의 솔직함과 패기가 마음에 든다는 이유였다. 부끄럽지만 필자가 첫 회사에 입사할 수 있었던 이유다.

6. 꼭 붙어야 한다는 절박감을 내려놓자

어느 날, 꼭 만나보고 싶었던 회사의 대표님을 만나게 되었다. 만나고 싶다는 마음이 너무 강해서였는지 필자는 미팅에서 횡설수설하다가 정작 하고 싶었던 말은 하나도 못 하고 돌아왔다. 이 미팅을 마치고 나니 너무 떨려서 면접 때 준비한 것도 제대로 보여주지 못하고 탈락하는 지원자들이 떠올랐다. 면접 자리에서 그렇게 긴장하고 덜덜 떠는 이유는 그 자리를 학수고대해왔기 때문이다. 그런데 기대감이 크고 절박할수록, 면접을 잘 볼 가능성은 오히려 줄어든다. 그 열망만큼 긴장하고, 순발력을 발휘할 수 없기 때문이다.

"제가 정말 꼭 가고 싶다고 생각했던 회사의 면접을 봤는데 너무 떨어서, 제대로 대답한 게 하나도 없었어요. 아는 내용도 떠느라 말하지 못했습니다. 당연히 떨어졌고요. 정말 생각하면 생각할수록 너무 아쉽습니다."

많은 이들이 면접이 끝나고 나서 '아는 내용이었는데도 왜 대답하지 못했을까'를 후회한다.

의연해지자. 물론 말처럼 쉽지 않다는 사실을 잘 알고 있다. 그러나 마음을 좀 내려놓을 필요가 있다. 그래야 면접도 잘 보고, 설사떨어진다 하더라도 마음의 상처를 덜 받는다. 소개팅을 한다고 생각해보자. 소개팅에서 상대방이 내 마음에 들고, 상대방도 날 마음에 들어 할 확률은 얼마나 될까? 또 상대방이 나를 마음에 들지 않는다고 해도 그게 내 잘못일까?

면접은 지원자만 면접관에게 평가받는 자리가 아니다. 지원자들역시 면접을 보며 회사와 인사담당자들을 평가하는 시간이다. 앞에 앉은 면접관들을 보면서 저 사람을 상사로 두고 하루 8시간 이상을 함께할 수 있을까, 일을 잘할 수 있을까 등도 생각해보자. 이렇게 걱정을 이곳저곳으로 분산시키고, 나와 그들이 동등한 입장이라는 마음을 가지면 좀 더 침착한 상태로 면접을 볼 수 있다.

지금까지 면접을 성공으로 이끄는 방법들을 살펴봤다. 이 내용을 다시 한 번 정리하면 다음과 같다.

취업의 마지막 관문을 당당하게 통과하라!

· 쫄지 말고 당당하게 대처하기

· ABCDE 원칙에 맞춰 내 이야기를 하기

· 회사에 익숙해져지기

· 맥락을 이해하는 연습하기

· 모르면 모른다고 솔직히 말하가

· 꼭 붙어야 한다는 절박감을 내려놓기

실전을 위한
면접 질문 200

면접에서 주로 물어보는 질문들을 모아봤다. 이 질문들에 단 하나의 모범답안은 없다. 면접 가기 전에 자기소개서를 다시 한 번 꼼꼼히 읽어보고 자신감 있는 모습으로, 열정적이며 긍정적으로, 그리고 솔직하게 자신만의 대답을 하자. 지원하는 직무가 실제로 무슨 일을 하며, 어떤 역량을 필요로 하는지도 다시 한 번 확인해야 한다.

지원자 본인에 대한 질문

» 지원자를 파악하기 위한 일반 질문

1. 자기소개를 해보시오.

2. 나를 표현할 수 있는 단어를 5가지 말해보시오.

3. 자신을 표현할 수 있는 특별한 방법이 있다면 무엇인가?

4. 자신의 핵심 역량을 구체적인 근거를 들어 말해보시오.

5. 입사하고 싶은 이유를 3가지만 말해보시오.

6. 자신이 가장 중요하게 생각하는 가치는 무엇인가?

7. 살면서 자신이 이룬 가장 큰 성취는 무엇인가?

8. 가장 잘하는 것은 무엇인가?

9. 자신이 인사담당자라면, 지원자를 평가하기 위해 어떤 질문을 할 것인가? 또한 그 질문에 본인은 어떻게 답변할 것인가?

10. 성격이 완전히 변한 계기가 있다면 말해보시오.

11. 당신이 면접관이라면 지원자에게 물어보고 싶은 질문을 3가지만 골라보시오.

12. 자기소개서에 자신의 장점을 적었는데, 이를 적절히 활용한 사례를 이야기해보시오.

13. 자신의 단점을 간단히 말하고, 단점을 보완하기 위해서 어떤 노력을 했는지 말해보시오.

14. 10년 후 이 시간, 지원자는 어디서 무엇을 하고 있으리라 생각하는가?

15. 살면서 엉뚱한 일을 해본 적이 있다면 무엇인가?

16. 학창 시절에 특이한 경험을 해본 적이 있는가?

17. 자신의 가장 큰 가치는 무엇인가? 왜 그렇게 생각하는가?

18. 특별한 취미가 있는가?

19. 좋아하는 운동이 있는가?

20. 창의적으로 문제점을 해결한 경험이 있는가?

21. 살면서 어려웠던 순간은 언제였고, 그 시기를 어떻게 극복했는지 말해보시오.

22. 대학 생활에서 가장 기억에 남는 일과 후회되는 일을 각각 하나씩 이야기해보시오.

23. 본인의 인생에 터닝포인트가 있다면 무엇인가?

24. 존경하는 사람과 그 이유를 말해보시오.

25. 최근에 거짓말을 한 적이 있는가?

26. 일하면서 실수한 적이 있다면 무엇인가?

27. 가장 후회되었던 순간은 언제인가?

28. 학점이 좋은 편인데 다른 분야의 일을 한 것은 없는가?

29. (공백 기간이 있는 경우) 졸업(휴학)하고 공백 기간이 있는데 그 기간 동안 무엇을 했는가?

30. (아르바이트 경험이 다양하게 있는 경우) 다양한 아르바이트 경험은 좋으나 여러 분야에서의 사회생활은 자칫 집중력이 약하다는 평가를 받을 수 있다. 어떻게 생각하는가?

31. (아르바이트 경험이 없고, 학점이 어중간한 경우) 학점이 좋지 않고 아르바이트 경험도 없는데, 대학 생활 동안 어떤 경험을 쌓으려 노력했는가?

32. 자격증이 있는데, 이 자격증과 상관없는 이 직무에 왜 지원하는가?

33. 만약 면접에 떨어질 것이라는 사실을 알게 됐다면, 어떻게 행동하겠는가?

34. (유학을 한 경우) 유학은 왜 갔는가?

35. (유학 후 한국으로 돌아온 경우) 왜 한국에서 취업하려고 하는가?

» 직무 적합도나 지원자의 열정을 확인하기 위한 질문

36. 이 회사에 지원한 동기가 무엇인가?

37. 같은 업종의 다른 회사를 두고 우리 회사에 지원한 이유에 대해 말해보시오.

38. 인턴 경험이 있는데 왜 그곳이 아닌 자사에 지원하는가?

39. 학교 생활 동안 해봤던 아르바이트 혹은 사회 경험에 대해 말해보시오.

40. 공모전에 참여해본 적이 있다면 어떤 공모전이었고, 성적은 어떠했는지 설명해보시오.

41. 타사에 지원하고 있는가?

42. 타사 중 붙은 곳이 있는가? 있다면 어디인가?

43. 지금 보는 면접이 몇 번째 면접인가?

44. 면접에 합격한다면, 언제까지 근무할 생각인가?

45. 회사 생활에서 가장 중요한 것은 무엇이라고 생각하는가?

46. 원치 않는 부서에 발령받으면 어떻게 할 것인가?

47. 면접을 오면서 어떠한 다짐을 했는가?

48. 면접을 위해 몇 시에 집에서 나왔는가?

49. 회사에서 왜 당신을 꼭 뽑아야 한다고 생각하는가?

50. 끝으로 하고 싶은 질문이 있는가?

51. 마지막으로 면접관을 감동시킬 수 있는 한마디를 해보시오.

52. 회사 생활을 하면서 자신을 어떻게 발전시켜 나가겠는가?

53. 친구들과의 관계는 어떠한가? 친구들은 지원자를 어떤 사람이라고 평가하는가?

54. 주변에 친구는 몇 명이나 있는가?

55. 싫어하는 사람의 유형이 있는가? 그 이유는 무엇인가?

56. 부모님과 갈등이 있었다면, 어떻게 극복했는지 말해보시오.

57. 주량이 어떻게 되는가?

58. 회식을 하게 되었다. 술을 마시면 안 되는 상황에서 상사가 끝까지 술을 권유한다면 어떻게 하겠는가?

59. 노래방에서 몇 시간이나 놀 수 있는가?

60. 다른 사람을 설득한 경험 중 하나를 말해보시오.

61. 스트레스 관리는 어떻게 하는가?

62. 어떨 때 가장 크게 스트레스를 받는가?

63. 인간관계에서 가장 중요한 것은 무엇이라고 생각하는가?

64. 리더십을 보여준 일이 있다면 구체적으로 설명해보시오.

65. 의도하지 않은 상황에서 팀을 이끌어본 경험이 있는가?

66. 직장 상사와 업무상 마찰이 생기면 어떻게 하겠는가?

67. 자신과 반대되는 의견이 있을 때, 그를 설득하기 위해 어떠한 방법을 사용하는가? 그 결과는 어땠는가?

68. 상사가 당신이 모르는 일을 시키면 어떻게 할 것인가?

69. 팀 내에 프리 라이더Free rider가 생기면 어떻게 할 것인가?

70. 2년간 해외 파견을 가게 됐다. 배우자는 한국에 남아 일을 계속하겠다고 한다면 어떻게 할 것인가?

71. 인턴이나 아르바이트를 하며 곤란한 적은 없었는가? 있었다면 어떻게 대처하였는가?

72. 당신이 제안한 아이디어로 일을 성공적으로 마무리한 경험이 있다면 말해보시오.

73. 당신이 낸 아이디어를 주변 사람들은 보통 어떻게 평가하는 편인가?

74. 다른 사람이 낸 아이디어가 실행 불가능할 경우, 당신은 어떻게 반응하는가?

75. 철저하게 계획을 짜서 일을 진행해본 경험이 있는가? 당시의 계획을 시간 순서대로 말해보시오.

76. 팀 프로젝트 경험이 있다면 당시 자신이 어떤 역할을 했는지 설명해보시오.

#질문2

직무와 관련된 질문

» 직무와 관련된 기본 지식을 확인하는 일반 질문

77. 우리 회사에 어떻게 기여할 수 있을 것이라 생각하는가?

78. 왜 전공과 상관없는 이 직무에 지원하는가?

79. 이 직무를 위해 특별히 준비한 것이 없어 보인다. 지원자는 어떤 강점을 가졌는가?

80. 이 일은 무엇이라 생각하는가? 알고 있는 대로 말하시오.

81. 지원 직무에 필요한 역량, 혹은 성공 비결은 무엇이라 생각하는가?

82. 지원한 부서에서 일하고 싶은 이유를 말해보시오.

83. 지원 직무에서 가장 중요한 것은 무엇이라고 생각하는가?

84. 자신이 지원한 직무와 잘 맞는다고 생각하는가?

85. 자신의 직업 선택 기준을 3가지만 말해보시오.

86. 지원한 직무에 근무하는 롤 모델이 있는가? 있다면 누구이며, 그 이유는 무엇인가?

87. 자신의 전공을 일반 사람들에게 설명하시오.

88. 지원하는 직무와 관련해 최근 읽은 서적이 있다면 무엇인가?

89. 최근에 본 서적 중 기억에 남는 부분을 말해보시오.

90. 직무와 관련해 추천하는 서적 3권을 말해보시오.

91. 지원자는 해당 직무에 적절한 역량을 가졌는가? 그 근거는 무엇인가?

92. 직무와 관련해 아는 용어가 있으면 말해보시오.

93. 자신이 원하는 직무가 아닌 곳으로 발령받게 된다면 어떻게 대처하겠는가?

94. 입사 후 연고가 없는 곳에 배치된다면 어떻게 하겠는가?

95. 어떠한 분야에서 일을 하고 싶은가?

96. 일하고자 하는 분야는 향후 어떻게 변할 것이라 생각하는가?

97. 자격증이 있는데 실제로도 그 일을 잘 하는가?

98. 소지품을 한 개 꺼내서, 그 물건을 면접관들에게 팔아보시오.

99. 자사 광고에 대한 느낌은 어떠한가?

100. 지원한 회사가 무슨 일을 하는 곳인지 설명해보시오.

101. 자사의 SWOT을 분석해본 경험이 있다면 이야기해보시오. 그 결과 찾아낸 보완점을 말해보시오.

102. 자사의 문제점은 무엇인가?

103. 자사의 한계는 무엇이라고 생각하는가?

104. 타사와 비교할 때 자사만의 차별점과 강점은 무엇이라고 생각하는지 말해보시오.

105. 자사와 산업 내 글로벌 1위 기업을 비교해보시오.

106. 자사에 대해 떠오르는 이미지를 한 단어로 표현해보시오.

107. 미래의 상품 개발 방향에 대해 말해보시오.

108. 당사의 전체 직원 규모나 매출은 얼마 정도 될 것 같은가?

109. 경쟁 관계 내 타 기업과 자사의 차이는 무엇인가?

110. 자사 홈페이지에서 고쳐야 할 점이 있다면 무엇인가?

111. 자사 상품이나 서비스, 자사의 개별 브랜드에 대해 아는 대로 말해보시오.

112. 자사에서는 똑같은 상품의 가격을 미국에서는 싸게, 동남아에서는 비싸게 책정 중이다. 어떻게 생각하는가?

113. 자사에서 판매하는 상품에서 가장 아쉬운 점은 무엇이고 어떻게 발전시키고 싶은가?

114. 새로 출시된 자사 상품이 무엇인지 아는가? 그 디자인에 대해 어떻게 생각하는가?

115. 자사의 지점 수(대리점 수, 점포 수)가 몇 개인지 아는가?

116. 자사의 해외 진출 계획에 대해 어떻게 생각하는가?

117. 10년 후에도 계속 자사가 살아남으려면 어떻게 해야 할지 말해보시오.

118. 만약 자신이 최고경영자라면 회사의 문제점 중 무엇을 가장 먼저 해결하겠는가?

119. 자사의 향후 육성 분야는 무엇이 되어야 하는가?

120. 자사의 고객 서비스 증대 방안을 말해보시오.

121. 자사를 제외한 브랜드 중에서 가장 좋아하는 것과 그 이유를 말해보시오.

122. 상품의 판매를 늘리려면 어떻게 해야 한다고 생각하는가?

123. 회사가 돈을 벌 수 있는 방법은 무엇인가?

124. 자사 제품 중 제일 경쟁력 있는 제품은 무엇이라고 생각하는가? 이유를 말해보시오.

125. 자사 비전의 의미가 무엇인지 아는가?

126. 자사가 향후 핵심 역량 기술을 보유하기 위해 준비해야 할 점은 무엇인가?

127. 자사가 글로벌 기업이 되기 위해 나아가야 할 방향과 추진해야 할 사업을 제시해보시오.

128. 자사가 속한 산업의 최근 이슈 중 알고 있는 것이 있는가?

129. 자사가 속한 산업(패션/IT/금융/자동차 등)의 최근 트렌드에 대해 설명해보시오.

130. 자사의 인재상에 대해 말해보시오.

131. 자사의 인재상 중 자신과 가장 잘 맞는 것을 경험에 비춰서 설명해보시오.

132. 자사가 원하는 인재의 특성이 무엇이라고 생각하는가? 본인이 거기에 부합한다고 생각하는가?

133. 현재 자사 계열사에서 진행 중인 사업에 대해 알고 있는가?

134. 자사의 여러 상품과 판매 채널 중 가장 취약하다고 생각하는 곳의 매출 촉진 방안을 말해보시오.

135. 자사 매장을 방문해본 경험이 있는가?

136. 관련 산업 내 업계 순위를 말해보시오.

137. 자사의 매출 규모를 말해보시오.

138. 회사 제품 중 직접 사용하고 있는 것이 있다면 무엇인가?

139. 자사 상품의 제조 과정에 대해 알고 있는가?

140. 해외 투자자에게 한국은 매력적인 시장인가, 그렇지 못한 시장인가? 그 이유는 무엇인가?

141. 지금 우리나라에서 이슈가 되고 있는 것 중 한 가지를 말해 보시오.

142. 기업의 사회적 책임은 무엇이라고 생각하는가?

143. 오늘 아침에 읽은 신문의 내용 중 가장 기억나는 기사가 있다면 무엇인가?

144. 최근에 읽은 경제면 기사 중 가장 인상적인 내용은 무엇이고, 그 기사에서 무엇을 느꼈는가?

145. 청년 실업 100만 명 시대로 인해 발생하는 문제와 그 대안을 말해보시오.

146. 한국 사회가 안고 있는 문제 3가지를 이야기해보고 해결 방안을 제시해보시오.

147. AI, 머신러닝, 제4차 산업혁명에 대해 말해보시오.

148. 비정규직 제도에 대해 어떻게 생각하는가?

149. 구조조정에 대해 어떻게 생각하는가?

150. 중국이 급성장하고 있는 상황에서, 우리 회사는 어떻게 대처해야 할지 말해보시오.

151. 동서양 문화를 비교한 뒤, 어느 문화가 더 우월한지 의견을 말해보시오.

152. 최근 자신이 관심을 갖고 있는 시사 문제는 무엇인가?

153. 즐겨보는 TV 프로그램은 무엇이며, 그 이유는 무엇인가?

154. 지속가능한 경영이란 무엇이라고 생각하는가?

155. 사외 이사 제도와 지식 경영에 대해 설명하시오.

156. 백두산 천지의 물을 다 빼려면 어떻게 해야 할지 답하시오.

157. 경제학에서 고전학파와 케인즈학파 중 어떤 내용을 더 지지하는가?

158. 경기도 분당에 사는 4인 가족의 1일 평균 TV 시청 시간을 계산해보시오.

159. 우리나라의 빈부 격차가 크다고 생각하는가?

160. 프로와 아마추어의 차이는 무엇인가?

161. 국내에서 성과 지향적 문화 정착을 위해 필요한 것과 자신이 생각하는 성과에 대한 정의를 3가지 이상 설명하시오.

162. 고유가가 한국 경제에 미치는 영향은 무엇인가?

163. 고위 공직자 재취업 제한에 대한 견해를 말해보시오.

164. 해본 게임 중 가장 훌륭한 게임은 무엇이라고 생각하는가?
그 이유는 무엇인가?

165. 웹서비스 관련 스트럭처 중 사용해본 것이 있는가?

166. 가장 자신 있는 시스템 분야는 무엇인가?

167. 자주 방문하는 외국 사이트는 어디인가?

168. JAVA와 C#의 차이를 설명해보시오.

169. 좋은 프로그램이란 무엇이라고 생각하는가?

170. 자신만의 소프트웨어 개발 철학이 있는가?

171. DB, 알고리즘, 사용언어 등 세부인 기술에 대해 말해보시오.

» 지원 직무에 관련된 상세 질문 2. 제조업 분야

172. 금형에 대해서 설명해보시오.

173. 프로토타입$_{Prototype}$이 무엇인가?

174. 베르누이 방정식에 대해 말해보시오.

175. 강도와 경도의 효율을 동시에 높일 수 있는 방법을 말하고,
각각의 차이점에 대해 설명해보시오.

176. 금석 결합을 가진 재료가 이온, 공유 결합을 가진 재료와는
다르게 불투명성을 띄는 이유는 무엇인가?

177. 점포 입지를 설정할 때 중요한 요소들에 대해 설명하시오.

178. 마케팅 믹스가 무엇인가?

179. CRM이란 무엇인가?

180. 영업이 힘들 수도 있는데 괜찮은가?

181. 온라인 마케팅을 해본 적이 있는가?

182. 일반 유통업 또는 전자상거래에 관련된 경험이 있는가?

183. 네트워크 마케팅이란 무엇인가?

184. 중국 시장을 돌파하기 위해서 어떻게 해야 하는가?

185. 600만 원 상당의 밍크코트를 사간 고객이 6개월 후에 환불
     해달라고 찾아왔다. 어떻게 하겠는가?

186. 핸드폰, 은행계좌, 카드 등의 신규 고객 100명을 모집해야
     한다. 어떻게 모집할 것인가?

187. 고객이 거친 욕설을 하며 불만사항을 이야기한다면 어떻게
     반응할 것인가?

188. 해당 직무에서 프로모션해야 하는 상품과 고객이 원하는
     상품이 다를 경우, 어떤 상품을 고객에게 권할 것인가?

189. GDP의 구성 요소를 말해보시오.

190. 신용카드는 왜 필요하다고 생각하는가?

191. 어떤 사람에게 신용카드가 필요하다고 생각하는가?

192. 주식 투자를 해본 경험이 있는가?

193. 현재 금융 환경에서 고객에게 금융 상품이나 주식 종목을 추천한다면 무엇을 권할 것인가?

194. 고객의 자산이 10억 원이라 할 때 적절한 포트폴리오를 제시하시오.

195. 순이자 마진, CMA, CP, RP란 각각 무엇인가?

196. 자금이 은행 예금에서 증권사로 이동하는 것과 금리는 무슨 상관이 있는가?

197. 금리 인상 시 기업들이 받는 영향은 무엇이고, 어떤 대책을 취해야 하는가?

198. 고객에게 돈을 투자하도록 만드는 방안을 구체적으로 제시해보시오.

199. M&A와 관련해 매수측과 매도측을 나눠서 설명해보시오.

200. 자사에 합격한다면 어떻게 영업을 하겠는가?

힘을 주는 노래,
함께 듣고 싶은 노래

버터플라이(Butterfly)   러브홀릭스

태양처럼 빛을 내는 그대여 이 세상이 거칠게 막아서도

빛나는 사람아, 난 너를 사랑해

널 세상이 볼 수 있게 날아 저 멀리

꿈이 뭐야   그레이

자신감을 가져. 넌 대체 꿈이 뭐야?

네 인생의 주인공은 너. 바로 너야(…)

인생은 마라톤. 위기는 위험과 기회의 합성어

말하는 대로   처진 달팽이(유재석, 이적)

주변에서 하는 수많은 이야기

그러나 정말 들어야 하는 건 내 마음 속 작은 이야기

지금 바로 내 마음 속에서 말하는 대로

세상과 소통하며 내가 원하는 잡_{Job}을 잡자

"2030년까지 현존하는 일자리의 80%가 사라질 것이다."

- UN보고서

"전 세계 7살 어린이의 65%는
지금은 존재하지 않는 직업을 갖게 될 것이다."

- 다보스포럼

"게임의 룰이 바뀌고 있다."

- 김범수 다음카카오 의장

지금까지와 비교도 할 수 없을 정도의 빠른 속도로 세상이 변하고 있다. 제조 기술과 ICT(정보통신기술)가 결합하면서 일어나는 제4차 산업혁명으로 제조업에서는 점점 일자리가 줄어들고 있다. 사회 구조도 10년 내 일자리를 늘리기가 어렵도록 변하고 있다. 현재

초등학교를 다니고 있는 아이들은 커서 로봇과 경쟁해야 하는 시대를 맞이할지도 모른다.

그런데 지금 20대들이 자신의 직장을 찾고 있는 모습은 너무나 단편적이다. '공시족', 즉 공무원 시험을 준비하는 사람이 40만 명이다. 취업 준비생 10명 중 4명이 공무원 시험을 준비하고 있다는 이야기다. 취업을 위해 스펙 3종을 갖춰야 한다는 말은 이제 '오스트랄로피테쿠스 시대' 이야기다. 지금은 취업 스펙 10종을 넘어 12종은 갖춰야 한단다. 그래도 될지 안 될지 모르는 취업보다 열심히 공부해서 시험을 잘 보면 되는 공무원 시험이 더 평등하다고 느끼는 것도 당연하다.

이런 상황이 안타까웠다. 사람이 가장 행복할 수 있는 직업은 '자신이 좋아하고 잘하며, 동시에 세상이 원하는 일'이라고 하는데, 대학(원) 졸업을 앞두고 있는 우리들의 현실은 이 3가지를 생각할 여력조차 없다. 자신이 좋아하고, 잘하는 일은 무엇인지 충분히 생각해 볼 시간조차 갖지 못한 채, 대학교 1학년 때부터 도서관에 앉아 공무원 시험 혹은 스펙 쌓기를 위한 공부를 시작한다. 대학교 4학년이 되면, 채용 공고가 뜬 기업들에 지원하기 바쁘다. 취업문이 갈수록 좁아지니 취업 재수를 위한 휴학과 졸업유예도 반복하는 것이 잔인한 현실이다.

그런데 세상이 변하고 있다. 이제 더 이상 '좋은 회사'가 우리를 '끝까지' 밥 먹여주지 않는다. 다음카카오 김범수 의장의 말대로 게

임의 룰이 바뀌고 있다. 우리는 앞으로 하나의 직업이 아니라 자의로든 타의로든 평생 두세 가지 이상의 직업을 가지는 시대를 살게될 것이다.

이런 시대를 살아내야 하는 우리들은 잘하는 것은 무엇인지 그리고 자신의 강점은 무엇인지 꼭 찾아내야 한다. 원하는 일은 무엇이며, 이것을 할 수 있는 곳은 어디인지 심사숙고해야 한다. 간판 좋은 회사만 골라 서류를 쓰고 지원하는 대신 우리가 잘하는 일, 원하는 일, 그리고 그것을 잘할 수 있는 곳을 찾아내는 시간을 가져야한다. 비록 당장 답이 나오지 않고, 느리고, 힘들더라도 말이다.

우리는 세상과 소통해야 한다. 그래서 취업 준비생들이 회사와, 자신의 미래와 소통할 수 있도록 돕기 위해 이 책을 썼다. 세상에 나아가야 소통할 기회가 생긴다. 혼자만 생각하는 것은 소용이 없다. 나의 언어를 상대방이 이해하기 쉽게 풀어내야 한다. 내가 잘할 수 있는 일들이 다른 누군가에게 어떻게 도움이 될지, 이것이 왜 필요한지를 효과적으로 소통할 수 있다면 창직創職의 시대를 두려워할 이유도 없다.

커리어 관리를 위해 꿈과 목표를 설정해야 한다든가, 10년 후 자신의 모습을 로드맵으로 그려보고 지금부터 준비해야 한다든가 등의 이야기는 하고 싶지 않았다. 꿈이나 목표가 있으면 좋지만, 꿈과 목표가 있다고 인생이 항상 그대로 흘러가는 것은 아니기 때문이다. 현재 내가 할 수 있고 좋아하는 일을 하다 보면, 미래는 자연스럽게 만들어진다.

인생은 계획대로, 꿈을 꾸는 대로, 목표를 설정하는 대로만 이루어지지 않는다. 그러니 취업을 준비하며, 잘 모르는 사람들이 던지는 한두 마디 말에 상처받지 않기를 바란다. 취업이 잘 안 된다고 해서 세상이 우리를 거부하는 것은 아니다. 앞으로도 계속 지금처럼 힘들지도 않을 것이다. 나만의 이야기와 강점을 상대방(회사)과 효과적으로 소통하기를 바란다. 그래서 원하는 곳에서 원하는 일을 할 수 있기를, 이 책이 작은 도움이 되기를 간절히 바란다.

다니고 싶은 직장, 원하는 일을 찾는

취업 저격 4 단계

이기는 취업

초판 1쇄 2017년 2월 17일

지은이 김나이
펴낸이 전호림
책임편집 이정은
마케팅 · 홍보 강동균 박태규 김혜원

펴낸곳 매경출판㈜
등 록 2003년 4월 24일(No. 2-3759)
주 소 (04557) 서울시 중구 충무로 2(필동1가) 매일경제 별관 2층 매경출판㈜
홈페이지 www.mkbook.co.kr **페이스북** facebook.com/maekyung1
전 화 02)2000-2640(기획편집) 02)2000-2636(마케팅) 02)2000-2606(구입 문의)
팩 스 02)2000-2609 **이메일** publish@mk.co.kr
인쇄 · 제본 ㈜M-print 031)8071-0961
ISBN 979-11-5542-614-2(03320)